Mémoniak®

# ON FAIT QUOI pour LE DÎNER au robot-cuiseur ?

W0301386

Par Marine Rolland du blog
## Mimi Cuisine



ISBN 978-2-37761-283-3
Dépôt légal juin 2019. Imprimé en Turquie en juillet 2019.

éditions 365

www.editions365.com
Média Diffusion. Distribution MDS.

# SOMMAIRE

# ÉDITO

Chaque jour de l'année, retrouvez une **délicieuse idée de recette** simple, rapide et complète pour se régaler en famille. Reprenant les codes de la collection *On fait quoi pour le dîner ?*, cet ouvrage propose 365 recettes pour 4 personnes à réaliser avec votre Cookeo !
Chaque recette a été pensée pour vous proposer des plats du quotidien, de saison et variés. Ces préparations mettent à l'honneur un **repas complet** avec viande ou poisson, légumes et féculents, mais aussi des recettes plus légères pour équilibrer sa semaine !

Les ingrédients utilisés sont généralement **frais ou surgelés** et tous disponibles en grande surface. Vos achats se verront d'ailleurs facilités par la liste de courses détachable accompagnant chaque page. Bien entendu, les recettes respectent le cours des saisons, ce qui est bon pour la planète… et votre portefeuille ! Vous pouvez également utiliser des légumes surgelés et non cuisinés, qui gardent toutes leurs vitamines et leurs nutriments.

Chaque jour, avec votre Cookeo, régalez-vous en préparant un curry de porc, des courgettes au Boursin, des escalopes de veau au comté, du filet de merlu à la provençale, du parmentier de patates douces ou encore du risotto aux gambas. La plupart du temps, ces délicieux plats sont prêts en **seulement 15 minutes** avec des ingrédients simples, vos ustensiles de cuisine et votre Cookeo !

Vous retrouverez bien évidemment des **plats simples et classiques** pour vos dîners du quotidien, comme des pâtes à la bolognaise, mais, également, quelques **recettes festives** comme des cassolettes de noix de Saint-Jacques, des souris d'agneau aux 4 épices ou encore du canard aux airelles.

Grâce à ce livre, vous pourrez réaliser 365 recettes différentes, simples, rapides et surtout à la portée de tous !

**Marine Rolland**
du blog *Mimi Cuisine*

# COMMENT BIEN UTILISER SON COOKEO

Ça y est, vous avez sauté le pas... Vous avez investi dans un robot multicuiseur pour vos repas du quotidien !
Comme pour tout appareil électrique que vous découvrez pour la première fois, manipulez votre Cookeo avec soin et lisez bien la notice d'utilisation qui l'accompagne. Installez votre robot sur une surface plane et dans un coin de votre cuisine facilement accessible et pratique pour le manipuler : vous devez pouvoir ouvrir le couvercle et saisir la cuve de cuisson sans risquer de vous blesser ! Branchez-le sur une prise murale elle-même facile d'accès.

Avant d'allumer pour la première fois votre Cookeo flambant neuf, nettoyez-en soigneusement chaque partie : la cuve de cuisson, le couvercle métallique, le cache-valves, le récupérateur de condensation, le panier vapeur, sans oublier la bille de décompression. Vérifiez qu'il ne manque aucun élément ou qu'aucune pièce n'est endommagée.

Bien évidemment, n'utilisez jamais l'appareil sans la cuve de cuisson : c'est dans cet ustensile que vous déposerez tous les ingrédients nécessaires à vos recettes. N'oubliez pas de paramétrer tous les réglages de base (notamment le choix de la langue) et de recourir au « mode démo » pour ajuster au mieux les différentes fonctionnalités proposées par votre robot (réglage du son, de la luminosité de l'écran de contrôle, etc.).

Pour réaliser les recettes de ce livre, utilisez le menu « manuel » de votre robot, qui vous permet de piloter vous-même le temps et le mode de cuisson, et laissez-vous guider par les différentes étapes : choisissez le mode de cuisson, insérez la cuve, ajoutez les ingrédients, réglez le temps de cuisson, sélectionnez le départ immédiat, et... c'est parti ! Votre robot s'occupe du reste !

Pensez à nettoyer chaque élément de votre robot après toute utilisation, en suivant bien les instructions données dans la notice fournie avec votre appareil.

# PROGRAMMES & ABRÉVIATIONS

Avec cet ouvrage, vous n'utiliserez que le programme manuel : autrement dit, c'est vous le chef ! Sélectionnez le mode de cuisson adapté et le temps nécessaire pour cuire vos ingrédients selon les recettes de ce livre. Trois modes de cuisson vous sont proposés ici :

• **Cuisson « sous pression » (SP)** : ce mode de cuisson vous permet de cuire pâtes, riz, légumes ou poissons rapidement et à la vapeur, avec un ingrédient liquide (eau ou bouillon de légumes, par exemple).

• **Cuisson classique en mode « dorer » (MD)** : ce mode remplace votre poêle pour faire colorer viandes et légumes ou faire réduire une sauce. Notez que le couvercle reste ouvert pour ce type de cuisson et que vous pouvez enchaîner avec une cuisson sous pression.

• **Cuisson « maintien au chaud » (MC)** : ce mode vous permet de garder vos plats au chaud en attendant que tout le monde soit prêt à passer à table.

# ASTUCES

• N'utilisez que des ustensiles (cuillère, fouet, louche ou spatule) en bois ou en silicone pour ne pas abîmer la cuve.
• Désodorisez la cuve en y mettant le jus de 3 citrons avec 50 cl d'eau, puis programmez le mode SP pendant 30 minutes. Videz et rincez.
• Pour mixer les soupes de ce livre, faites-le hors de la cuve dans un saladier pour ne pas risquer d'abîmer la cuve.
• Si la vapeur ne s'échappe pas en fin de cuisson, insérez un cure-dents dans le petit trou du couvercle et appuyez jusqu'à ce que la vapeur s'échappe.

# LES MENUS DE LA SEMAINE

## Et aussi

# AOÛT/SEPT.

2019

Lundi 26

**FAJITAS DE POULET**

15 mn
10 mn

Mardi 27

**VELOUTÉ DE CHAMPIGNONS**

15 mn
15 mn

Mercredi 28

**BLÉSOTTO À LA DINDE**

10 mn
20 mn

Jeudi 29

**ONE POT PASTA AU BŒUF ET AU CHEDDAR**

5 mn
15 mn

Vendredi 30

**VELOUTÉ À LA CHÂTAIGNE**

10 mn
10 mn

Samedi 31

**RÔTI DE BŒUF AU ROMARIN**

15 mn
15 mn

Dimanche 1

**PENNE AU POULET**

10 mn
15 mn



8

# RECETTES

Pour 4 personnes

Couper 4 blancs de poulet en cubes, puis les arroser du jus d'1 citron et d'1 gousse d'ail pressée. Mélanger avec 1 c. à c. de paprika + 1 c. à c. de cumin. Faire revenir 5 mn en MD 3 poivrons en lamelles avec un peu d'huile. Ajouter le poulet et laisser cuire 5 mn en MD. Déposer 100 g de cheddar tranché + sel + poivre. Laisser fondre et garnir 1 paquet de tortillas avec la préparation.

Faire revenir 7 mn en MD 500 g de champignons bruns nettoyés et pelés + 1 oignon émincé + 3 gousses d'ail écrasées + du persil frais ciselé avec un peu d'huile de noisette. Ajouter 50 cl de bouillon de légumes + 150 g de mascarpone + sel + poivre. Cuire 5 mn SP. Mixer et servir.

Faire revenir 3 mn en MD 1 oignon émincé + 3 escalopes de dinde coupées en morceaux avec 1 c. à s. d'huile. Ajouter 200 g de blé cru + 50 cl de bouillon de légumes + 60 g de parmesan râpé + 2 c. à s. de basilic + sel + poivre. Cuire 13 mn SP.

Faire revenir 5 mn en MD 300 g de bœuf haché + 1 oignon émincé avec 1 c. à s. d'huile. Ajouter 350 g de penne + 100 g de cheddar râpé + 10 cl de purée de tomates + 35 cl de bouillon de légumes + sel + poivre. Cuire 7 mn SP.

Faire revenir 5 mn en MD 1 blanc de poireau en rondelles + 1 oignon émincé avec 1 c. à s. d'huile d'olive. Ajouter 250 g de châtaignes cuites + 40 cl d'eau + sel + poivre. Cuire 5 mn SP. Mixer avec 100 g de crème fraîche épaisse, puis parsemer de ciboulette ciselée et servir.

Faire revenir 4 mn de chaque côté en MD avec 1 c. à s. d'huile 1 rôti de bœuf de 600 g piqué avec 2 gousses d'ail. Ajouter 1 oignon émincé + 200 g de haricots verts équeutés + 2 carottes en rondelles + 2 branches de romarin + 1 branche de thym + sel + poivre + 15 cl d'eau. Cuire 6 mn SP.

Faire revenir 5 mn en MD 4 escalopes de poulet en cubes + 1 échalote émincée avec 1 c. à s. d'huile. Ajouter 500 g de penne + 100 g de petits pois surgelés + 300 g de sauce pesto + 200 g de tomates cerises + du basilic ciselé + sel + poivre + 50 cl d'eau. Cuire 6 mn SP.



# COURSES

Pour 4 personnes

**FAJITAS DE POULET**
1 paquet de tortillas, 4 blancs de poulet, 100 g de cheddar, 3 poivrons, 1 gousse d'ail, 1 citron, 1 c. à c. de paprika, 1 c. à c. de cumin, huile, sel, poivre.

**VELOUTÉ DE CHAMPIGNONS**
500 g de champignons bruns, 1 oignon, 3 gousses d'ail, 150 g de mascarpone, persil frais, 50 cl de bouillon de légumes, huile de noisette, sel, poivre.

**BLÉSOTTO À LA DINDE**
200 g de blé cru, 3 escalopes de dinde, 60 g de parmesan râpé, 50 cl de bouillon de légumes, 1 oignon, 2 c. à s. de basilic, 1 c. à s. d'huile, sel, poivre.

**ONE POT PASTA AU BŒUF ET AU CHEDDAR**
350 g de penne, 300 g de bœuf haché, 100 g de cheddar râpé, 35 cl de bouillon de légumes, 10 cl de purée de tomates, 1 oignon, 1 c. à s. d'huile, sel, poivre.

**VELOUTÉ À LA CHÂTAIGNE**
250 g de châtaignes cuites, 1 blanc de poireau, 1 oignon, 100 g de crème fraîche épaisse, ciboulette, 1 c. à s. d'huile d'olive, sel, poivre.

**RÔTI DE BŒUF AU ROMARIN**
1 rôti de bœuf de 600 g, 2 branches de romarin, 200 g de haricots verts, 2 carottes, 1 oignon, 2 gousses d'ail, 1 branche de thym, 1 c. à s. d'huile, sel, poivre.

**PENNE AU POULET**
500 g de penne, 4 escalopes de poulet, 300 g de sauce pesto, 200 g de tomates cerises, 100 g de petits pois surgelés, 1 échalote, basilic, 1 c. à s. d'huile, sel, poivre.

## Et aussi

# SEPTEMBRE

2019

Lundi 2

PATATES AUX POIVRONS ET À LA TOMATE

15 mn
20 mn

Mardi 3

ENCORNETS SAUTÉS AU RIZ

15 mn
20 mn

Mercredi 4

PURÉE DE BROCOLIS AU CUMIN

10 mn
10 mn

Jeudi 5

RIZ AUX MERGUEZ

15 mn
15 mn

Vendredi 6

SPAGHETTIS AUX COURGETTES ET À LA MOZZARELLA

10 mn
15 mn

Samedi 7

COURGETTES FAÇON ORLOFF

10 mn
10 mn

Dimanche 8

PAUPIETTES DE PORC À LA FORESTIÈRE

15 mn
30 mn



10

# RECETTES

Pour 4 personnes

Faire revenir 10 mn en MD 4 gousses d'ail hachées + 1 échalote émincée + 6 pommes de terre en cubes + 3 poivrons rouges en lamelles avec 2 c. à s. d'huile. Ajouter 4 tomates en dés + 70 g de concentré de tomates + 1 c. à c. de piment d'Espelette + sel + 20 cl d'eau. Cuire 7 mn SP.

Faire revenir 10 mn en MD 500 g de rondelles d'encornets surgelées + 2 poivrons en lamelles + 1 carotte en rondelles avec 2 c. à s. d'huile. Ajouter 250 g de riz + 1 c. à c. de piment d'Espelette + 25 cl de coulis de tomates + 2 branches de thym + sel + 25 cl d'eau. Cuire 8 mn SP.

Cuire 10 mn SP 500 g de brocolis en fleurettes + 3 pommes de terre en cubes + 1 c. à c. de cumin + 15 cl de bouillon de légumes + sel + poivre. Mixer avec 3 carrés de Kiri et servir avec 4 tranches de jambon blanc ou de poulet grillé.

Faire revenir 5 mn en MD 6 merguez coupées en morceaux + 75 g de lardons fumés + 1 poivron rouge et 1 poivron vert coupés en dés. Ajouter 250 g de riz + 1 c. à c. de paprika + 1 c. à c. de curcuma + sel + 50 cl d'eau. Cuire 7 mn SP.

Faire revenir 5 mn en MD 150 g de lardons fumés + 2 courgettes en rondelles + 1 oignon émincé. Ajouter 500 g de spaghettis cassés en 2 + 1 boule de mozzarella en morceaux + 50 g de parmesan + sel + poivre + 50 cl d'eau. Cuire 6 mn SP.

Inciser le dessus de 3 courgettes. Répartir et insérer dans chaque fente 2 paquets de tranches de bacon + 3 boules de mozzarella en tranches. Mettre dans la cuve 200 g de riz + 40 cl de bouillon de légumes + sel + poivre. Y déposer les courgettes et cuire 10 mn SP.

Faire revenir 10 mn en MD 4 paupiettes de porc + 2 échalotes et 2 gousses d'ail émincées avec 2 c. à s. d'huile d'olive. Ajouter 300 g de champignons de Paris en lamelles + sel + poivre + 15 cl d'eau. Cuire 20 mn SP.



# COURSES

Pour 4 personnes

### PATATES AUX POIVRONS ET À LA TOMATE

6 pommes de terre, 3 poivrons rouges, 70 g de concentré de tomates, 4 tomates, 4 gousses d'ail, 1 échalote, 1 c. à c. de piment d'Espelette, 2 c. à s. d'huile, sel.

### ENCORNETS SAUTÉS AU RIZ

500 g de rondelles d'encornets surgelées, 250 g de riz, 2 poivrons, 1 carotte, 25 cl de coulis de tomates, 2 branches de thym, 1 c. à c. de piment d'Espelette, 2 c. à s. d'huile, sel.

### PURÉE DE BROCOLIS AU CUMIN

500 g de brocolis en fleurettes, 3 pommes de terre, 1 c. à c. de cumin, 3 carrés de Kiri, 4 tranches de jambon blanc ou de poulet grillé, 15 cl de bouillon de légumes, sel, poivre.

### RIZ AUX MERGUEZ

250 g de riz, 6 merguez, 75 g de lardons fumés, 1 poivron rouge, 1 poivron vert, 1 c. à c. de paprika, 1 c. à c. de curcuma, sel.

### SPAGHETTIS AUX COURGETTES ET À LA MOZZARELLA

500 g de spaghettis, 2 courgettes, 1 boule de mozzarella, 150 g de lardons fumés, 50 g de parmesan, 1 oignon, sel, poivre.

### COURGETTES FAÇON ORLOFF

3 courgettes, 200 g de riz, 3 boules de mozzarella, 2 paquets de tranches de bacon, 40 cl de bouillon de légumes, sel, poivre.

### PAUPIETTES DE PORC À LA FORESTIÈRE

4 paupiettes de porc, 300 g de champignons de Paris, 2 échalotes, 2 gousses d'ail, 2 c. à s. d'huile d'olive, sel, poivre.

# Et aussi

# SEPTEMBRE

2019

Lundi 9

ÉMINCÉ DE POULET AUX ÉPINARDS

10 mn
20 mn

Mardi 10

OSSO BUCO À LA TOMATE

15 mn
40 mn

Mercredi 11

CUISSE DE DINDE AU CIDRE

10 mn
30 mn

Jeudi 12

ROUELLE DE PORC À L'AIL ET AU ROMARIN

5 mn
40 mn

Vendredi 13

AUBERGINES À LA MOZZARELLA

10 mn
15 mn

Samedi 14

ESCALOPES DE VEAU ET RIZ

10 mn
15 mn

Dimanche 15

RAGOÛT DE BŒUF À LA TOMATE

10 mn
30 mn
10 mn



12

# RECETTES

Pour 4 personnes

Faire revenir 5 mn en MD 4 blancs de poulet en morceaux + 1 oignon et 1 gousse d'ail émincés avec 1 c. à s. d'huile. Ajouter 1 kg d'épinards en feuilles surgelés + 40 cl de lait de coco + 1 c. à c. de cumin + sel + poivre. Cuire 15 mn SP.

Faire revenir 6 mn en MD 4 osso buco + 1 oignon émincé avec 1 c. à s. d'huile. Ajouter 20 cl de vin blanc et cuire 2 mn en MD. Ajouter 4 tomates en dés + 70 g de concentré de tomates + 2 poivrons en lamelles + 2 branches de romarin + sel + poivre + 10 cl d'eau. Cuire 30 mn SP.

Faire revenir 10 mn en MD 1 cuisse de dinde + 1 oignon émincé avec 2 c. à s. d'huile d'olive. Ajouter 50 cl de cidre + du persil plat ciselé + sel + poivre. Cuire 10 mn SP. Ajouter 250 g de quinoa + 2 carottes en rondelles. Cuire 10 mn SP.

Faire revenir 5 mn en MD 1 rouelle de porc coupée en 4 + 10 gousses d'ail non pelées avec 20 g de beurre. Ajouter 2 branches de romarin + 40 cl de fond de veau + sel + poivre. Cuire 35 mn SP et servir avec 1 poêlée de courgettes à l'ail et au persil surgelée.

Faire revenir 5 mn en MD 600 g de viande hachée + 1 oignon et 1 échalote émincés avec 1 c. à s. d'huile. Ajouter 4 aubergines en rondelles + 400 g de tomates concassées en conserve + 1 boule de mozzarella en dés + 1 c. à s. d'herbes de Provence + sel + poivre + 15 cl d'eau. Cuire 6 mn SP.

Saupoudrer 4 escalopes de veau de 4 c. à s. de paprika et les envelopper de 4 tranches de jambon de Parme. Les déposer dans 4 feuilles de papier sulfurisé. Répartir 125 g de comté râpé + sel + poivre. Fermer les feuilles en papillotes et les déposer dans le panier vapeur. Verser 20 cl d'eau dans la cuve et cuire 15 mn SP. Servir avec 250 g de riz blanc.

Faire revenir 10 mn en MD 600 g de bœuf à braiser en morceaux + 1 oignon émincé avec 1 c. à s. d'huile. Ajouter 600 g de tomates concassées en conserve + sel + poivre + 20 cl d'eau. Cuire 20 mn SP. Ajouter 500 g de haricots blancs en conserve + du persil plat ciselé et laisser en MC pendant 10 mn.



# COURSES

Pour 4 personnes

### ÉMINCÉ DE POULET AUX ÉPINARDS

4 blancs de poulet, 1 kg d'épinards en feuilles surgelés, 1 oignon, 1 gousse d'ail, 40 cl de lait de coco, 1 c. à c. de cumin, 1 c. à s. d'huile, sel, poivre.

### OSSO BUCO À LA TOMATE

4 osso buco, 70 g de concentré de tomates, 4 tomates, 2 poivrons, 1 oignon, 20 cl de vin blanc, 2 branches de romarin, 1 c. à s. d'huile, sel, poivre.

### CUISSE DE DINDE AU CIDRE

1 cuisse de dinde, 50 cl de cidre, 250 g de quinoa, 2 carottes, 1 oignon, persil plat, 2 c. à s. d'huile d'olive, sel, poivre.

### ROUELLE DE PORC À L'AIL ET AU ROMARIN

1 rouelle de porc, 10 gousses d'ail, 2 branches de romarin, 1 poêlée de courgettes à l'ail et au persil surgelée, 40 cl de fond de veau, 20 g de beurre, sel, poivre.

### AUBERGINES À LA MOZZARELLA

4 aubergines, 1 boule de mozzarella, 600 g de viande hachée, 400 g de tomates concassées en conserve, 1 oignon, 1 échalote, 1 c. à s. d'herbes de Provence, 1 c. à s. d'huile, sel, poivre.

### ESCALOPES DE VEAU ET RIZ

4 escalopes de veau, 250 g de riz blanc, 125 g de comté râpé, 4 tranches de jambon de Parme, 4 c. à s. de paprika, sel, poivre.

### RAGOÛT DE BŒUF À LA TOMATE

600 g de bœuf à braiser, 600 g de tomates concassées en conserve, 500 g de haricots blancs en conserve, 1 oignon, persil plat, 1 c. à s. d'huile, sel, poivre.

13

## Et aussi

# SEPTEMBRE

2019

**Lundi 16**
AIGUILLETTES DE POULET AU BASILIC
5 mn / 15 mn

**Mardi 17**
FILETS DE MERLU À L'AIL ET AU PERSIL
10 mn / 10 mn

**Mercredi 18**
ÉMINCÉ DE DINDE AU LAIT DE COCO
10 mn / 15 mn

**Jeudi 19**
SAUTÉ DE VEAU AU CUMIN
10 mn / 35 mn

**Vendredi 20**
MIJOTÉ DE BŒUF AU PAPRIKA
10 mn / 45 mn

**Samedi 21**
HARICOTS VERTS À LA TOMATE
20 mn / 15 mn

**Dimanche 22**
POMMES DE TERRE FONDANTES À LA TOMME
20 mn / 15 mn


14

# RECETTES

Pour 4 personnes

Faire revenir 5 mn en MD 600 g d'aiguillettes de poulet + 2 échalotes émincées avec 1 c. à s. d'huile d'olive. Ajouter 500 g de purée de tomates + 20 olives noires en rondelles + 20 feuilles de basilic ciselées + sel + poivre + 15 cl d'eau. Cuire 10 mn SP.

Dans le panier vapeur, déposer 4 filets de merlu + 3 pommes de terre en cubes + 2 carottes en rondelles + le jus d'1 citron + sel + poivre. Verser 20 cl d'eau dans la cuve et cuire 6 mn SP. Parsemer de 2 gousses d'ail hachées et de persil plat ciselé avant de servir.

Faire revenir 5 mn en MD 600 g de blancs de dinde en morceaux + 2 poivrons en lamelles + 1 oignon émincé avec 1 c. à s. d'huile. Ajouter 100 g de petits pois surgelés + 250 g de riz + 20 cl de lait de coco + 20 cl de crème de coco + 2 c. à s. de curry + sel + poivre + 30 cl d'eau. Cuire 8 mn SP.

Faire revenir 10 mn en MD 600 g de sauté de veau recouvert d'1 c. à s. de Maïzena + 1 oignon émincé + 75 g de lardons fumés. Ajouter 3 carottes et 4 pommes de terre en rondelles + 1 c. à s. de cumin + 1 c. à c. de thym + 2 c. à s. de miel + 1 c. à s. de sauce soja sucrée + sel + poivre + 50 cl d'eau. Cuire 25 mn SP.

Faire revenir 10 mn en MD 600 g de bœuf à braiser mélangé à 1 c. à s. de farine + 2 oignons émincés avec 1 c. à s. d'huile. Ajouter 6 carottes en tronçons + 2 tomates en dés + 1 c. à s. de paprika + 1 c. à c. de curcuma + du persil ciselé + sel + poivre + 20 cl d'eau. Cuire 35 mn SP. Mélanger avec 200 g de crème épaisse.

Faire revenir 5 mn en MD 2 échalotes et 2 gousses d'ail émincées avec 25 g de beurre. Ajouter 1 kg de haricots verts frais équeutés + 6 tomates en dés + du persil ciselé + sel + poivre + 25 cl d'eau. Cuire 10 mn SP.

Faire revenir 10 mn en MD 1 kg de pommes de terre en rondelles avec 2 c. à s. d'huile d'olive. Ajouter 2 gousses d'ail non pelées + 600 g de tomme fraîche coupée en cubes + du persil ciselé + sel + poivre + 10 cl d'eau. Cuire 5 mn SP.

# COURSES

Pour 4 personnes

### AIGUILLETTES DE POULET AU BASILIC

600 g d'aiguillettes de poulet, 20 feuilles de basilic, 500 g de purée de tomates, 20 olives noires en rondelles, 2 échalotes, 1 c. à s. d'huile d'olive, sel, poivre.

### FILETS DE MERLU À L'AIL ET AU PERSIL

4 filets de merlu, 2 gousses d'ail, persil plat, 3 pommes de terre, 2 carottes, 1 citron, sel, poivre.

### ÉMINCÉ DE DINDE AU LAIT DE COCO

600 g de blancs de dinde, 20 cl de lait de coco, 20 cl de crème de coco, 250 g de riz, 100 g de petits pois surgelés, 2 poivrons, 1 oignon, 2 c. à s. de curry, 1 c. à s. d'huile, sel, poivre.

### SAUTÉ DE VEAU AU CUMIN

600 g de sauté de veau, 75 g de lardons fumés, 4 pommes de terre, 3 carottes, 1 oignon, 1 c. à s. de cumin, 1 c. à c. de thym, 2 c. à s. de miel, 1 c. à s. de sauce soja sucrée, 1 c. à s. de Maïzena, sel, poivre

### MIJOTÉ DE BŒUF AU PAPRIKA

600 g de bœuf à braiser, 200 g de crème épaisse, 6 carottes, 2 tomates, 2 oignons, 1 c. à s. de paprika, 1 c. à c. de curcuma, 1 c. à s. de farine, persil, 1 c. à s. d'huile, sel, poivre.

### HARICOTS VERTS À LA TOMATE

1 kg de haricots verts frais, 6 tomates, 2 échalotes, 2 gousses d'ail, 25 g de beurre, persil, sel, poivre.

### POMMES DE TERRE FONDANTES À LA TOMME

1 kg de pommes de terre, 600 g de tomme fraîche, 2 gousses d'ail, persil, 2 c. à s. d'huile d'olive, sel, poivre.

# Et aussi

# SEPTEMBRE

2019

Lundi 23

**COQUILLETTES ET POULET À LA CRÈME**

15 mn
10 mn
5 mn

Mardi 24

**POMMES DE TERRE FONDANTES AUX LARDONS**

15 mn
15 mn

Mercredi 25

**PILONS DE POULET AU REBLOCHON**

15 mn
25 mn

Jeudi 26

**CARI DE POULET**

10 mn
25 mn
10 mn

Vendredi 27

**LENTILLES AUX SAUCISSES**

10 mn
35 mn

Samedi 28

**PARMENTIER DE PATATES DOUCES**

10 mn
40 mn

Dimanche 29

**BLANCS DE POULET AU POTIMARRON**

15 mn
10 mn



16

# RECETTES

Pour 4 personnes

Faire revenir 5 mn en MD 3 blancs de poulet en cubes + 2 poivrons en lamelles + 1 échalote émincée avec 1 c. à s. d'huile. Ajouter 250 g de coquillettes + 1 courgette en fines rondelles + sel + poivre + 30 cl d'eau. Cuire 5 mn SP. Mélanger avec 200 g de crème épaisse. Laisser 5 mn en MC avant de servir.

Faire revenir 5 mn en MD 175 g de lardons fumés + 1 oignon émincé. Ajouter 1 kg de pommes de terre en cubes + 1 c. à s. de paprika + 1 c. à s. d'herbes de Provence + sel + poivre + 20 cl d'eau. Cuire 8 mn SP.

Faire revenir 10 mn en MD 8 pilons de poulet + 1 oignon émincé avec 1 c. à s. d'huile. Ajouter 8 pommes de terre en cubes + 20 cl d'eau + 1 c. à s. de persil + sel + poivre. Déposer sur le dessus 1 reblochon coupé en tranches et cuire 12 mn SP.

Faire revenir 10 mn en MD 8 hauts de cuisses de poulet + 2 oignons rouges émincés + 4 gousses d'ail hachées avec 1 c. à s. d'huile. Ajouter 4 tomates en dés + 2 c. à s. de curcuma + 1 c. à s. de thym + sel + poivre + 30 cl d'eau. Cuire 15 mn SP. Laisser 10 mn en MC avant de servir.

Faire revenir 10 mn en MD 175 g de lardons fumés + 2 saucisses de Montbéliard en rondelles + 1 oignon émincé. Ajouter 300 g de lentilles vertes crues + 2 carottes en rondelles + 1 bouquet garni + sel + poivre + 25 cl d'eau. Cuire 24 mn SP.

Verser 20 cl d'eau dans la cuve et cuire 20 mn SP 4 patates douces en cubes dans le panier vapeur. Écraser en purée. Faire revenir 5 mn en MD 600 g de viande hachée + 1 oignon émincé avec 1 c. à s. d'huile. Ajouter 1 c. à c. de paprika + 1 c. à s. de persil + sel + poivre + 5 cl d'eau. Cuire 5 mn SP. Mettre le tout dans 1 plat. Parsemer de 125 g de fromage râpé et enfourner 10 mn à 200 °C.

Dans le panier vapeur, mettre 1,2 kg de potimarrons coupés en cubes. Déposer sur le dessus 4 blancs de poulet. Verser 20 cl d'eau dans la cuve et cuire 6 mn SP. Mixer les potimarrons avec 1 c. à c. de cumin + 2 carrés de Kiri + sel + poivre. Servir avec les blancs de poulet.



# COURSES

Pour 4 personnes

**COQUILLETTES ET POULET À LA CRÈME**

250 g de coquillettes, 3 blancs de poulet, 200 g de crème épaisse, 2 poivrons, 1 courgette, 1 échalote, 1 c. à s. d'huile, sel, poivre.

**POMMES DE TERRE FONDANTES AUX LARDONS**

1 kg de pommes de terre, 175 g de lardons fumés, 1 oignon, 1 c. à s. de paprika, 1 c. à s. d'herbes de Provence, sel, poivre.

**PILONS DE POULET AU REBLOCHON**

8 pilons de poulet, 1 reblochon, 8 pommes de terre, 1 oignon, 1 c. à s. de persil, 1 c. à s. d'huile, sel, poivre.

**CARI DE POULET**

8 hauts de cuisses de poulet, 4 tomates, 2 oignons rouges, 4 gousses d'ail, 2 c. à s. de curcuma, 1 c. à s. de thym, 1 c. à s. d'huile, sel, poivre.

**LENTILLES AUX SAUCISSES**

300 g de lentilles vertes crues, 2 saucisses de Montbéliard, 175 g de lardons fumés, 2 carottes, 1 oignon, 1 bouquet garni, sel, poivre.

**PARMENTIER DE PATATES DOUCES**

4 patates douces, 600 g de viande hachée, 125 g de fromage râpé, 1 oignon, 1 c. à s. de persil, 1 c. à c. de paprika, 1 c. à s. d'huile, sel, poivre.

**BLANCS DE POULET AU POTIMARRON**

4 blancs de poulet, 1,2 kg de potimarrons, 2 carrés de Kiri, 1 c. à c. de cumin, sel, poivre.

## Et aussi

# SEPT./OCT.

2019

Lundi

30

RISOTTO À LA COURGE BUTTERNUT

10 mn
25 mn

Mardi

1

GNOCCHIS AU CAMEMBERT

10 mn
10 mn

Mercredi

2

SAUTÉ DE VEAU AU MASSALÉ

10 mn
30 mn

Jeudi

3

RIZ AUX COURGETTES

10 mn
10 mn
5 mn

Vendredi

4

SOUPE AU POTIRON ET AU PANAIS

20 mn
15 mn

Samedi

5

GRATIN DE POTIMARRONS AU POULET

15 mn
25 mn

Dimanche

6

OSSO BUCO DE DINDE À LA BIÈRE

10 mn
20 mn



18

# RECETTES

Pour 4 personnes

Faire revenir 3 mn en MD 1 oignon émincé avec 25 g de beurre. Ajouter 250 g de riz Arborio et cuire 2 mn en MD. Ajouter 15 cl de vin blanc et cuire 2 mn en MD. Ajouter 1 courge butternut coupée en dés + 1 dose de safran + 35 cl de bouillon de légumes + sel + poivre. Cuire 15 mn SP. Mélanger avec 100 g de parmesan râpé et servir.

Faire revenir 5 mn en MD 150 g de lardons fumés + 1 oignon émincé. Ajouter 600 g de gnocchis + sel + poivre + 20 cl d'eau. Déposer sur le dessus 1 camembert coupé en tranches sans la croûte. Cuire 5 mn SP.

Faire revenir 10 mn en MD 600 g de sauté de veau + 1 oignon et 2 gousses d'ail émincés. Ajouter 2 tomates en dés + 4 pommes de terre et 1 patate douce en cubes + 1 c. à s. de massalé + 1 c. à c. de cannelle + 1 c. à c. de paprika + 1 c. à s. de persil + sel + 30 cl d'eau. Cuire 20 mn SP.

Cuire 9 mn SP 300 g de riz + 4 courgettes en fines rondelles + 50 cl de fond de veau + sel + poivre. Mélanger avec 150 g de dés de jambon + 200 g de crème épaisse + 125 g de comté râpé. Laisser 5 mn en MC avant de servir.

Cuire 15 mn SP 1 potiron d'1,2 kg en cubes + 2 carottes et 1 panais en dés + 1 l de bouillon de légumes + sel + poivre. Mixer avec 4 carrés de Kiri et servir.

Verser 20 cl d'eau dans la cuve et cuire 15 mn SP dans le panier vapeur 2 kg de potimarrons et 2 pommes de terre coupés en cubes et déposer dessus 4 blancs de poulet. Écraser les légumes avec un peu de lait + 1 c. à c. rase de muscade + sel + poivre. Mélanger avec le poulet émietté et mettre dans 1 plat. Parsemer de 150 g de comté râpé et enfourner 10 mn à 200 °C.

Faire revenir 5 mn en MD 4 osso buco de dinde + 1 échalote et 2 gousses d'ail émincées avec 1 c. à s. d'huile. Ajouter 4 carottes et 2 panais en rondelles + 15 cl de fond de veau + 25 cl de bière brune + 1 c. à s. d'herbes de Provence + sel + poivre. Cuire 15 mn SP.



# COURSES

Pour 4 personnes

**RISOTTO À LA COURGE BUTTERNUT**
250 g de riz Arborio, 1 courge butternut, 1 oignon, 100 g de parmesan râpé, 25 g de beurre, 35 cl de bouillon de légumes, 15 cl de vin blanc, 1 dose de safran, sel, poivre.

**GNOCCHIS AU CAMEMBERT**
600 g de gnocchis, 1 camembert, 150 g de lardons fumés, 1 oignon, sel, poivre.

**SAUTÉ DE VEAU AU MASSALÉ**
600 g de sauté de veau, 4 pommes de terre, 2 tomates, 1 patate douce, 1 oignon, 2 gousses d'ail, 1 c. à s. de massalé, 1 c. à s. de persil, 1 c. à c. de cannelle, 1 c. à c. de paprika, sel.

**RIZ AUX COURGETTES**
300 g de riz, 4 courgettes, 150 g de dés de jambon, 200 g de crème épaisse, 125 g de comté râpé, 50 cl de fond de veau, sel, poivre.

**SOUPE AU POTIRON ET AU PANAIS**
1 potiron d'1,2 kg, 2 carottes, 1 panais, 4 carrés de Kiri, 1 l de bouillon de légumes, sel, poivre.

**GRATIN DE POTIMARRONS AU POULET**
2 kg de potimarrons, 2 pommes de terre, 4 blancs de poulet, 150 g de comté râpé, un peu de lait, 1 c. à c. rase de muscade, sel, poivre.

**OSSO BUCO DE DINDE À LA BIÈRE**
4 osso buco de dinde, 25 cl de bière brune, 4 carottes, 2 panais, 1 échalote, 2 gousses d'ail, 15 cl de fond de veau, 1 c. à s. d'herbes de Provence, 1 c. à s. d'huile, sel, poivre.

# Et aussi

# OCTOBRE

2019

| | | | |
|---|---|---|---|
| Lundi 7 | COURGE BUTTERNUT À LA SAUCE CHEDDAR | 15 mn | 15 mn |
| Mardi 8 | PILONS DE POULET ÉPICÉS | 10 mn | 20 mn |
| Mercredi 9 | BOULGOUR ET DINDE À LA SAUCE AU BRIE | 15 mn | 10 mn |
| Jeudi 10 | FLANS DE PATATES DOUCES AU CURRY | 10 mn | 25 mn |
| Vendredi 11 | CÔTES DE PORC AU BOURSIN | 10 mn | 15 mn |
| Samedi 12 | VELOUTÉ DE COURGE BUTTERNUT AU CHÈVRE FRAIS | 20 mn | 30 mn |
| Dimanche 13 | COUSCOUS RAPIDE À L'AGNEAU | 10 mn | 30 mn |



20

# RECETTES

Pour 4 personnes

Faire revenir 5 mn en MD 150 g de lardons + 1 oignon émincé. Ajouter 1 courge butternut et 2 pommes de terre coupées en cubes + 20 cl de crème liquide + 10 cl d'eau + sel + poivre. Déposer sur le dessus 10 tranches de cheddar et cuire 8 mn SP.

Faire revenir 10 mn en MD 8 pilons de poulet + 1 oignon émincé avec 1 c. à s. d'huile. Ajouter 1 patate douce et 4 pommes de terre en cubes + 2 carottes en rondelles + 1 c. à c. de cannelle + 1 c. à s de mélange 4-épices + 1 c. à s. de coriandre + 20 olives vertes + sel + poivre + 20 cl d'eau. Cuire 10 mn SP.

Faire revenir 5 mn en MD 2 escalopes de dinde en morceaux + 1 oignon émincé avec 1 c. à s. d'huile. Ajouter 400 g de boulgour + 2 courgettes en fines rondelles + 10 cl de crème liquide + du persil ciselé + sel + poivre + 35 cl d'eau. Déposer sur le dessus 200 g de brie coupé en tranches sans la croûte. Cuire 5 mn SP.

Verser 20 cl d'eau dans la cuve et cuire 13 mn SP dans le panier vapeur 500 g de patates douces en cubes. Mixer avec 20 cl de crème de coco + 20 cl de lait + 3 œufs + 2 c. à c. de curry + sel + poivre. Répartir la préparation dans 4 ramequins. Verser 20 cl d'eau dans la cuve et cuire 9 mn SP dans le panier vapeur.

Faire revenir 5 mn en MD 4 côtes de porc + 1 échalote émincée avec 1 c. à s. d'huile. Ajouter 150 g de champignons de Paris en lamelles + 3 carottes en rondelles + 4 pommes de terre en cubes + 1 pot de Boursin Cuisine ail et fines herbes + sel + poivre + 25 cl d'eau. Cuire 10 mn SP.

Faire revenir 6 mn en MD 125 g de noisettes entières. Retirer. Faire revenir 5 mn en MD 1 oignon émincé avec 1 c. à s. d'huile. Ajouter 1 courge butternut coupée en morceaux + 50 cl de bouillon de légumes + sel + poivre. Cuire 15 mn SP. Mixer avec 100 g de chèvre frais et parsemer de noisettes concassées au moment de servir.

Faire dorer 10 mn en MD 700 g de collier d'agneau + 2 oignons émincés avec 1 c. à s. d'huile. Ajouter 3 carottes, 3 courgettes, 2 navets et 2 pommes de terre coupés en gros morceaux + 30 g de concentré de tomates + 3 c. à s. d'épices ras-el-hanout + sel + poivre + 60 cl d'eau. Cuire 20 mn SP et servir avec 280 g de semoule cuite.



# COURSES

Pour 4 personnes

**COURGE BUTTERNUT À LA SAUCE CHEDDAR**
1 courge butternut, 2 pommes de terre, 1 oignon, 20 cl de crème liquide, 10 tranches de cheddar, 150 g de lardons, sel, poivre.

**PILONS DE POULET ÉPICÉS**
8 pilons de poulet, 4 pommes de terre, 2 carottes, 1 patate douce, 1 oignon, 20 olives vertes, 1 c. à s. de mélange 4-épices, 1 c. à s. de coriandre, 1 c. à c. de cannelle, 1 c. à s. d'huile, sel, poivre.

**BOULGOUR ET DINDE À LA SAUCE AU BRIE**
400 g de boulgour, 2 escalopes de dinde, 200 g de brie, 10 cl de crème liquide, 2 courgettes, 1 oignon, persil, 1 c. à s. d'huile, sel, poivre.

**FLANS DE PATATES DOUCES AU CURRY**
500 g de patates douces, 2 c. à c. de curry, 20 cl de crème de coco, 20 cl de lait, 3 œufs, sel, poivre.

**CÔTES DE PORC AU BOURSIN**
4 côtes de porc, 1 pot de Boursin Cuisine ail et fines herbes, 150 g de champignons de Paris, 4 pommes de terre, 3 carottes, 1 échalote, 1 c. à s. d'huile, sel, poivre.

**VELOUTÉ DE COURGE BUTTERNUT AU CHÈVRE FRAIS**
1 courge butternut, 1 oignon, 100 g de chèvre frais, 125 g de noisettes entières, 50 cl de bouillon de légumes, 1 c. à s. d'huile, sel, poivre.

**COUSCOUS RAPIDE À L'AGNEAU**
700 g de collier d'agneau, 280 g de semoule, 3 courgettes, 3 carottes, 2 pommes de terre, 2 navets, 2 oignons, 30 g de concentré de tomates, 3 c. à s. d'épices ras-el-hanout, 1 c. à s. d'huile, sel, poivre.

21

## Et aussi

# OCTOBRE

2019

Lundi 14

**CHOU-FLEUR AU CURRY**

10 mn
20 mn

Mardi 15

**TAGLIATELLES AU SAUMON FUMÉ**

10 mn
10 mn

Mercredi 16

**FILET MIGNON AU ROQUEFORT**

15 mn
30 mn
10 mn

Jeudi 17

**CHOUCROUTE**

10 mn
35 mn

Vendredi 18

**VELOUTÉ DE POIS CASSÉS**

15 mn
25 mn

Samedi 19

**MIJOTÉ DE BŒUF À LA MOUTARDE**

15 mn
45 mn

Dimanche 20

**POÊLÉE DE LÉGUMES AUX MERGUEZ**

10 mn
15 mn



22

# RECETTES

Pour 4 personnes

Verser 20 cl d'eau dans la cuve et cuire 4 mn SP dans le panier vapeur 1 kg de chou-fleur en fleurettes. Retirer. Faire revenir 5 mn en MD 3 blancs de poulet en morceaux avec 1 c. à s. d'huile. Ajouter le chou-fleur + 3 pommes de terre en cubes + 25 cl de lait de coco + 1 c. à s. de curry + 200 g de purée de tomates + sel + poivre. Cuire 10 mn SP.

Faire revenir 3 mn en MD 1 oignon émincé avec 1 c. à s. d'huile. Ajouter 450 g de tagliatelles + 100 g de brocoli en fleurettes surgelé + le jus d'1 citron + du persil ciselé + sel + poivre + 60 cl d'eau. Cuire 5 mn SP. Mélanger avec 200 g de crème épaisse + 4 tranches de saumon fumé coupées en lamelles.

Faire revenir 10 mn en MD 1 filet mignon en tranches + 150 g de lardons + 1 oignon émincé. Ajouter 3 carottes et 2 panais en rondelles + 1 c. à s. de moutarde + sel + poivre + 20 cl d'eau. Cuire 20 mn SP. Ajouter 20 cl de crème liquide + 150 g de roquefort émietté. Laisser 10 mn en MC et servir.

Faire revenir 6 mn en MD 1 jarret de porc + 150 g de lard fumé + 1 oignon émincé avec 2 c. à s. d'huile. Ajouter 20 cl de vin blanc sec et cuire 3 mn en MD. Ajouter 1 kg de chou cuit en conserve + 6 pommes de terre coupées en 6 + 4 saucisses de Strasbourg + 1 bouquet garni + sel + poivre + 25 cl d'eau. Cuire 25 mn SP.

Faire revenir 5 mn en MD 1 blanc de poireau en tronçons + 1 échalote émincée avec 1 c. à s. d'huile. Ajouter 250 g de pois cassés rincés à l'eau froide + 2 pommes de terre et 2 carottes en morceaux + 1 oignon coupé en 4 + 3 feuilles de laurier + sel + poivre + 1,5 d'eau. Cuire 20 mn SP. Mixer en retirant le laurier.

Faire revenir 10 mn en MD 600 g de bœuf à braiser en morceaux + 1 oignon et 2 gousses d'ail émincés avec 1 c. à s. d'huile. Mélanger avec 1 c. à s. de farine. Ajouter 4 carottes et 4 pommes de terre coupées grossièrement + 2 c. à s. de moutarde + 1 c. à s. de thym + sel + poivre + 20 cl de vin blanc + 25 cl d'eau. Cuire 35 mn SP.

Faire revenir 5 mn en MD 6 merguez coupées en morceaux. Ajouter 2 courgettes et 2 carottes en rondelles + 1 patate douce et 1 navet en cubes + 1 c. à s. d'épices ras-el-hanout + sel + poivre + 25 cl d'eau. Cuire 8 mn SP et servir avec 250 g de semoule cuite à part.

# COURSES

Pour 4 personnes

### CHOU-FLEUR AU CURRY

1 kg de chou-fleur en fleurettes, 1 c. à s. de curry, 200 g de purée de tomates, 3 pommes de terre, 3 blancs de poulet, 25 cl de lait de coco, 1 c. à s. d'huile, sel, poivre.

### TAGLIATELLES AU SAUMON FUMÉ

450 g de tagliatelles, 4 tranches de saumon fumé, 200 g de crème épaisse, 100 g de brocoli en fleurettes surgelé, 1 oignon, 1 citron, persil, 1 c. à s. d'huile, sel, poivre.

### FILET MIGNON AU ROQUEFORT

1 filet mignon, 150 g de roquefort, 150 g de lardons, 3 carottes, 2 panais, 1 oignon, 20 cl de crème liquide, 1 c. à s. de moutarde, sel, poivre.

### CHOUCROUTE

1 kg de chou cuit en conserve, 150 g de lard fumé, 1 jarret de porc, 4 saucisses de Strasbourg, 6 pommes de terre, 1 oignon, 20 cl de vin blanc sec, 1 bouquet garni, 2 c. à s. d'huile, sel, poivre.

### VELOUTÉ DE POIS CASSÉS

250 g de pois cassés, 2 pommes de terre, 2 carottes, 1 blanc de poireau, 1 oignon, 1 échalote, 3 feuilles de laurier, 1 c. à s. d'huile, sel, poivre.

### MIJOTÉ DE BŒUF À LA MOUTARDE

600 g de bœuf à braiser, 2 c. à s. de moutarde, 4 carottes, 4 pommes de terre, 1 oignon, 2 gousses d'ail, 20 cl de vin blanc, 1 c. à s. de thym, 1 c. à s. de farine, 1 c. à s. d'huile, sel, poivre.

### POÊLÉE DE LÉGUMES AUX MERGUEZ

2 courgettes, 2 carottes, 1 patate douce, 1 navet, 6 merguez, 250 g de semoule, 1 c. à s. d'épices ras-el-hanout, sel, poivre.



23

## Et aussi

# OCTOBRE

2019

Lundi 21

**DIOTS À LA SAVOYARDE**

10 mn
25 mn
5 mn

Mardi 22

**RAGOÛT D'ENCORNETS**

15 mn
25 mn

Mercredi 23

**PAUPIETTES DE VEAU AU RIZ**

10 mn
15 mn

Jeudi 24

**SOUPE DE LA MER**

10 mn
10 mn

Vendredi 25

**TAGLIATELLES AU SAUMON FRAIS ET AUX ÉPINARDS**

5 mn
15 mn

Samedi 26

**HARICOTS BLANCS AUX SAUCISSES**

10 mn
40 mn
12 h

Dimanche 27

**POMMES DE TERRE FARCIES**

10 mn
35 mn



24

# RECETTES

Pour 4 personnes

# COURSES

Pour 4 personnes

### DIOTS À LA SAVOYARDE

Faire revenir 5 mn en MD 2 échalotes émincées + 4 diots de Savoie en morceaux avec 20 g de beurre. Ajouter 25 cl de vin blanc et cuire 2 mn en MD. Ajouter 350 g de crozets + 25 cl d'eau et cuire 15 mn SP. Mélanger avec 100 g de crème épaisse + 125 g de Beaufort râpé. Laisser 5 mn en MC avant de servir.

4 diots de Savoie, 350 g de crozets, 125 g de Beaufort, 100 g de crème épaisse, 2 échalotes, 25 cl de vin blanc, 20 g de beurre.

### RAGOÛT D'ENCORNETS

Faire revenir 10 mn en MD 800 g de rondelles d'encornets surgelées + 1 échalote émincée avec 1 c. à s. d'huile. Mélanger avec 1 c. à s. de farine. Ajouter 20 cl de vin blanc et cuire 2 mn en MD. Ajouter 8 pommes de terre en cubes + 2 carottes et 1 panais en rondelles + 1 c. à s. de thym + sel + poivre + 20 cl d'eau. Cuire 12 mn SP.

800 g de rondelles d'encornets surgelées, 8 pommes de terre, 2 carottes, 1 panais, 1 échalote, 20 cl de vin blanc, 1 c. à s. de thym, 1 c. à s. de farine, 1 c. à s. d'huile, sel, poivre.

### PAUPIETTES DE VEAU AU RIZ

Faire revenir 5 mn en MD 4 paupiettes de veau + 1 oignon émincé avec 1 c. à s. d'huile. Ajouter 250 g de riz + 2 courgettes en rondelles + 50 cl de fond de veau + 1 c. à s. d'herbes de Provence + sel + poivre. Cuire 9 mn SP.

4 paupiettes de veau, 250 g de riz, 2 courgettes, 1 oignon, 50 cl de fond de veau, 1 c. à s. d'herbes de Provence, 1 c. à s. d'huile, sel, poivre.

### SOUPE DE LA MER

Cuire 10 mn SP 400 g de filets de colin + 150 g de crevettes décortiquées + 150 g de moules décortiquées + 10 cl de vin blanc + 250 g de tomates pelées + 1 oignon émincé + 1 l de bouillon de poisson + 1 bouquet garni. Mixer le tout et servir avec 1 paquet de croûtons.

400 g de filets de colin, 150 g de crevettes décortiquées, 150 g de moules décortiquées, 250 g de tomates pelées, 1 oignon, 1 l de bouillon de poisson, 10 cl de vin blanc, 1 bouquet garni, 1 paquet de croûtons.

### TAGLIATELLES AU SAUMON FRAIS ET AUX ÉPINARDS

Faire revenir 5 mn en MD 250 g d'épinards frais + 1 echalote et 2 gousses d'ail émincées avec 1 c. à s. d'huile. Ajouter le jus d'1 citron + 500 g de tagliatelles + sel + poivre + 200 g de mascarpone + 65 cl d'eau. Mélanger. Déposer 3 pavés de saumon sans peau sur le dessus et cuire 6 mn SP. Mélanger et servir.

500 g de tagliatelles, 3 pavés de saumon sans peau, 250 g d'épinards frais, 1 échalote, 2 gousses d'ail, 1 citron, 200 g de mascarpone, 1 c. à s. d'huile, sel, poivre.

### HARICOTS BLANCS AUX SAUCISSES

Faire revenir 10 mn en MD 1 saucisse de Morteau et 2 saucisses de Montbéliard en rondelles + 1 oignon émincé. Ajouter 450 g de haricots blancs secs trempés 12 h + 2 carottes en rondelles + 40 cl de bouillon de volaille + 2 c. à s. de concentré de tomates + sel + poivre. Cuire 30 mn SP.

450 g de haricots blancs secs, 2 saucisses de Montbéliard, 1 saucisse de Morteau, 2 carottes, 1 oignon, 2 c. à s. de concentré de tomates, 40 cl de bouillon de volaille, sel, poivre.

### POMMES DE TERRE FARCIES

Verser 20 cl d'eau dans la cuve et cuire 20 mn SP 4 grosses pommes de terre dans le panier vapeur. Retirer. Laisser refroidir, les couper en 2 et les creuser. Faire revenir 10 mn en MD 250 g de chair à saucisse + 1 oignon émincé + du persil ciselé + sel + poivre avec 20 g de beurre. Farcir les pommes de terre. Verser 20 cl d'eau dans la cuve et cuire 5 mn SP dans le panier vapeur.

4 grosses pommes de terre, 250 g de chair à saucisse, 1 oignon, 20 g de beurre, persil, sel, poivre.

# Et aussi

# OCT./NOV.

2019

Lundi
28

**CAMEMBERT AUX LARDONS**

10 mn
20 mn

Mardi
29

**CHOUCROUTE DE LA MER**

10 mn
15 mn

Mercredi
30

**PURÉE D'ÉPINARDS AU ROQUEFORT**

15 mn
10 mn

Jeudi
31

**MAFÉ DE BŒUF**

15 mn
45 mn

Vendredi
1
Toussaint

**SOUPE TOUTE DOUCE D'AUTOMNE**

20 mn
10 mn

Samedi
2

**MACARONIS À L'ITALIENNE**

10 mn
5 mn
5 mn

Dimanche
3

**POMMES DE TERRE FAÇON RACLETTE**

10 mn
15 mn
10 mn


26

# RECETTES

Pour 4 personnes

Faire revenir 5 mn en MD 75 g de lardons fumés + 1 oignon émincé. Mélanger 10 cl de lait + 2 œufs + persil + sel + poivre et répartir dans 4 ramequins : 4 pommes de terre en fines rondelles + l'oignon + les lardons + le mélange lait-œufs. Déposer dessus ½ camembert en tranches. Verser 20 cl d'eau dans la cuve et cuire 12 mn SP dans le panier vapeur.

Faire revenir 5 mn en MD 2 oignons émincés avec 1 c. à s. d'huile. Ajouter 600 g de choucroute + 500 g de cocktail de fruits de mer + 600 g de pommes de terre épluchées + 1 bouquet garni + 20 cl de vin blanc + 400 g de lotte + 200 g de haddock + sel + poivre. Cuire 10 mn SP. Mélanger le bouillon avec 200 g de crème épaisse et servir.

Mettre dans la cuve 500 g d'épinards frais rincés à l'eau froide + 1 kg de pommes de terre en cubes + sel + poivre + 40 cl d'eau. Cuire 10 mn SP. Écraser les légumes au presse-purée avec 20 g de beurre coupé en dés + 20 cl de lait + 50 g de roquefort émietté + 1 pincée de noix de muscade.

Faire revenir 10 mn en MD 600 g de bœuf à braiser en morceaux + 2 oignons émincés avec 1 c. à s. d'huile. Mélanger avec 1 c. à s. de farine. Ajouter 200 g de pâte d'arachide + 2 c. à s. de concentré de tomates + 4 carottes en cubes + 2 c. à c. de paprika + 1 l de bouillon de bœuf + 1 c. à s. de thym + sel + poivre. Cuire 35 mn SP.

Cuire 10 mn SP 1 potimarron, 1 courge butternut, 2 patates douces, 2 carottes et 1 courgette coupés en petits morceaux + 1 oignon émincé + sel + poivre + 1 l d'eau. Mixer avec 10 cl de crème liquide + 1 c. à c. de curry et servir.

Cuire 5 mn SP 500 g de macaronis + 50 cl d'eau + 1 c. à s. d'huile + sel. Retirer. Passer en mode MC pendant 5 mn et mettre les pâtes + 500 g de tomates pelées en dés + 100 g de crème épaisse + 50 g d'olives noires + 20 feuilles de basilic ciselées + 150 g de parmesan râpé + 200 g de jambon sec en lanières + sel + poivre.

Verser 20 cl d'eau dans la cuve et cuire 8 mn SP dans le panier vapeur 6 pommes de terre en cubes. Retirer. Faire revenir 5 mn en MD 1 oignon émincé + 50 g de champignons en lamelles. Passer en mode MC pendant 10 mn et ajouter les pommes de terre + 150 g d'allumettes de jambon blanc + 150 g de crème épaisse + sel + poivre + 15 tranches de fromage à raclette.



# COURSES

Pour 4 personnes

### CAMEMBERT AUX LARDONS

½ camembert, 75 g de lardons fumés, 4 pommes de terre, 1 oignon, 2 œufs, 10 cl de lait, persil, sel, poivre.

### CHOUCROUTE DE LA MER

600 g de choucroute, 500 g de cocktail de fruits de mer, 400 g de lotte, 200 g de haddock, 600 g de pommes de terre, 2 oignons, 200 g de crème épaisse, 1 bouquet garni, 20 cl de vin blanc, 1 c. à s. d'huile, sel, poivre.

### PURÉE D'ÉPINARDS AU ROQUEFORT

1 kg de pommes de terre, 500 g d'épinards frais, 50 g de roquefort, 20 g de beurre, 20 cl de lait, 1 pincée de noix de muscade, sel, poivre.

### MAFÉ DE BŒUF

600 g de bœuf à braiser, 200 g de pâte d'arachide, 4 carottes, 2 oignons, 2 c. à s. de concentré de tomates, 1 l de bouillon de bœuf, 1 c. à s. de farine, 1 c. à s. de thym, 2 c. à c. de paprika, 1 c. à s. d'huile, sel, poivre.

### SOUPE TOUTE DOUCE D'AUTOMNE

1 potimarron, 1 courge butternut, 2 patates douces, 2 carottes, 1 courgette, 1 oignon, 10 cl de crème liquide, 1 c. à c. de curry, sel, poivre.

### MACARONIS À L'ITALIENNE

500 g de macaronis, 500 g de tomates pelées, 200 g de jambon sec, 150 g de parmesan râpé, 100 g de crème épaisse, 50 g d'olives noires, 20 feuilles de basilic, 1 c. à s. d'huile, sel, poivre.

### POMMES DE TERRE FAÇON RACLETTE

6 pommes de terre, 15 tranches de fromage à raclette, 150 g de crème épaisse, 150 g d'allumettes de jambon blanc, 50 g de champignons, 1 oignon, sel, poivre.

# Et aussi

# NOVEMBRE

2019

Lundi **4**

RISOTTO AUX CHAMPIGNONS

10 mn
25 mn

Mardi **5**

ROSBIF AU THYM

10 mn
15 mn

Mercredi **6**

PENNE AUX 5 FROMAGES

15 mn
10 mn
10 mn

Jeudi **7**

CURRY DE VEAU

15 mn
30 mn

Vendredi **8**

POMMES DE TERRE ET JAMBON À LA CANCOILLOTTE

10 mn
15 mn
5 mn

Samedi **9**

RIZ AUX POIREAUX ET AUX CHAMPIGNONS

10 mn
15 mn

Dimanche **10**

POULET AU CARAMEL ET À LA SAUCE SOJA

10 mn
10 mn



28

# RECETTES

Pour 4 personnes

Faire revenir 5 mn en MD 1 échalote émincée + 300 g de champignons en lamelles avec 1 c. à s. d'huile. Ajouter 300 g de riz Arborio et cuire 2 mn en MD. Ajouter 20 cl de vin blanc et cuire 2 mn en MD. Ajouter 50 cl de bouillon de légumes + sel + poivre. Cuire 15 mn SP. Mélanger avec 20 cl de crème liquide + 2 c. à s. de parmesan râpé et servir.

Faire revenir 5 mn en MD 1 kg de rosbif en le retournant à mi-cuisson + 2 oignons émincés avec 1 c. à s. d'huile. Ajouter 3 gousses d'ail non pelées + 4 c. à s. de thym + sel + poivre + 6 pommes de terre coupées en petits morceaux + 15 cl d'eau. Cuire 6 mn SP pour 1 viande saignante ou 8 mn pour une viande à point.

Cuire 6 mn SP 500 g de penne + 50 cl d'eau. Retirer. En mode MC, mélanger les pâtes avec 80 g de parmesan, 80 g de comté et 80 g d'appenzeller râpés + 1 boule de mozzarella en dés + 50 g de gorgonzola émietté + 10 cl de crème + 1 pincée de noix de muscade + sel + poivre. Laisser fondre 6 mn et servir.

Faire revenir 10 mn en MD 600 g de sauté de veau + 2 oignons émincés avec 1 c. à s. d'huile. Mélanger avec 2 c. à s. de farine. Ajouter 4 carottes en rondelles + 3 pommes de terre en cubes + 250 g de tomates pelées en dés + 50 cl de fond de veau + 1 c. à s. de curry + sel + poivre. Cuire 20 mn SP.

Faire revenir 5 mn en MD 2 échalotes émincées avec 1 c. a s. d'huile d'olive. Ajouter 8 pommes de terre coupées en cubes + sel + poivre + 15 cl d'eau. Cuire 8 mn SP. Mélanger avec 1 pot de cancoillotte à l'ail et ajouter 200 g de dés de jambon blanc. Laisser 2 mn en MC et servir.

Faire revenir 5 mn en MD 150 g de lardons fumés + 1 oignon émincé. Ajouter 250 g de riz + 3 blancs de poireaux en rondelles + 100 g de champignons de Paris en lamelles + du persil ciselé + sel + poivre + 50 cl d'eau. Cuire 8 mn SP. Parsemer de 50 g de parmesan et servir.

Faire revenir 5 mn en MD 4 escalopes de poulet en morceaux + 1 oignon et 1 gousse d'ail émincés avec 1 c. à s. d'huile. Mélanger avec 1 c. à s. de Maïzena. Ajouter 4 c. à s. de caramel liquide + 25 cl de sauce soja salée + 2 carottes en bâtonnets + 1 c. à c. de gingembre + 10 cl d'eau. Cuire 4 mn SP.



# COURSES

Pour 4 personnes

### RISOTTO AUX CHAMPIGNONS
300 g de riz Arborio, 300 g de champignons, 1 échalote, 50 cl de bouillon de légumes, 20 cl de vin blanc, 20 cl de crème liquide, 2 c. à s. de parmesan râpé, 1 c. à s. d'huile, sel, poivre.

### ROSBIF AU THYM
1 kg de rosbif, 4 c. à s. de thym, 6 pommes de terre, 2 oignons, 3 gousses d'ail, 1 c. à s. d'huile, sel, poivre.

### PENNE AUX 5 FROMAGES
500 g de penne, 80 g de parmesan, 80 g de comté, 80 g d'appenzeller, 50 g de gorgonzola, 1 boule de mozzarella, 10 cl de crème, 1 pincée de noix de muscade, sel, poivre.

### CURRY DE VEAU
600 g de sauté de veau, 250 g de tomates pelées, 4 carottes, 3 pommes de terre, 2 oignons, 50 cl de fond de veau, 2 c. à s. de farine, 1 c. à s. de curry, 1 c. à s. d'huile, sel, poivre.

### POMMES DE TERRE ET JAMBON À LA CANCOILLOTTE
8 pommes de terre, 200 g de dés de jambon blanc, 1 pot de cancoillotte à l'ail, 2 échalotes, 1 c. à s. d'huile d'olive, sel, poivre.

### RIZ AUX POIREAUX ET AUX CHAMPIGNONS
250 g de riz, 3 blancs de poireaux, 100 g de champignons de Paris, 1 oignon, 150 g de lardons fumés, 50 g de parmesan, persil, sel, poivre.

### POULET AU CARAMEL ET À LA SAUCE SOJA
4 escalopes de poulet, 4 c. à s. de caramel liquide, 25 cl de sauce soja salée, 2 carottes, 1 oignon, 1 gousse d'ail, 1 c. à c. de gingembre, 1 c. à s. de Maïzena, 1 c. à s. d'huile.

## Et aussi

# NOVEMBRE

2019

Lundi **11**

Armistice de 1918

**FLAN À LA COURGE BUTTERNUT ET AUX ÉPICES**

15 mn
50 mn

Mardi **12**

**RISOTTO DE COQUILLETTES AUX CREVETTES**

5 mn
5 mn

Mercredi **13**

**CHOU-FLEUR À LA MIMOLETTE**

15 mn
5 mn
10 mn

Jeudi **14**

**ÉMINCÉ DE POULET AUX PANAIS**

15 mn
10 mn

Vendredi **15**

**VELOUTÉ DE RUTABAGAS AU LAIT DE COCO**

10 mn
10 mn

Samedi **16**

**LENTILLES AU POULET ET AU CITRON**

10 mn
35 mn

Dimanche **17**

**PÂTISSON AU CHORIZO**

15 mn
15 mn



30

# RECETTES

Pour 4 personnes

# COURSES

Pour 4 personnes

Verser 20 cl d'eau dans la cuve et cuire 8 mn SP 1 kg de courge butternut en cubes dans le panier vapeur. Mixer. Mélanger 3 œufs + 100 g de farine + 1 sachet de levure + 1 c. à c. de curry + 1 c. à c. de paprika + 100 g de parmesan râpé + 15 cl de crème fleurette + sel. Ajouter la courge butternut et cuire dans 1 plat au four 40 mn à 180 °C.

### FLAN À LA COURGE BUTTERNUT ET AUX ÉPICES

1 kg de courge butternut, 1 c. à c. de curry, 1 c. à c. de paprika, 100 g de farine, 1 sachet de levure, 100 g de parmesan râpé, 3 œufs, 15 cl de crème fleurette, sel.

Cuire 4 mn SP 300 g de coquillettes + 200 g de brocoli en fleurettes + 20 crevettes crues décortiquées surgelées + 70 cl de bouillon de légumes + sel + poivre. Mélanger avec 100 g de parmesan râpé et servir aussitôt.

### RISOTTO DE COQUILLETTES AUX CREVETTES

300 g de coquillettes, 20 crevettes crues décortiquées surgelées, 200 g de brocoli en fleurettes, 70 cl de bouillon de légumes, 100 g de parmesan râpé, sel, poivre.

Verser 20 cl d'eau dans la cuve et cuire 4 mn SP 800 g de chou-fleur en fleurettes + 3 blancs de dinde en cubes dans le panier vapeur. Retirer. Dans la cuve, mélanger les légumes + la dinde avec 50 cl de crème fleurette mélangée à 1 c. à c. de Maïzena + 150 g de mimolette râpée + 1 pincée de noix de muscade + sel + poivre. Passer en MC pendant 10 mn avant de servir.

### CHOU-FLEUR À LA MIMOLETTE

800 g de chou-fleur en fleurettes, 150 g de mimolette, 3 blancs de dinde, 50 cl de crème fleurette, 1 c. à c. de Maïzena, 1 pincée de noix de muscade, sel, poivre.

Faire revenir 5 mn en MD 4 escalopes de poulet en cubes + 1 oignon émincé avec 1 c. à s. d'huile. Ajouter 5 panais et 2 carottes en rondelles + 3 c. à s. de miel + 1 c. à s. de curry + sel + poivre + les jus et zestes d'1 orange + 15 cl d'eau. Cuire 4 mn SP. Ajouter 100 g de noix de cajou + de la ciboulette ciselée et servir.

### ÉMINCÉ DE POULET AUX PANAIS

4 escalopes de poulet, 5 panais, 2 carottes, 1 oignon, 1 orange, 100 g de noix de cajou, 3 c. à s. de miel, 1 c. à s. de curry, ciboulette, 1 c. à s. d'huile, sel, poivre.

Cuire 7 mn SP 3 rutabagas, 3 panais, 2 pommes de terre et 1 oignon coupés grossièrement + 40 cl de lait de coco + sel + poivre + 60 cl d'eau. Mixer le tout et ajouter de l'eau si nécessaire.

### VELOUTÉ DE RUTABAGAS AU LAIT DE COCO

3 rutabagas, 3 panais, 2 pommes de terre, 1 oignon, 40 cl de lait de coco, sel, poivre.

Cuire 6 mn en MD 4 filets de poulet en cubes + 1 oignon émincé + 1 citron en rondelles avec 1 c. à s. d'huile. Retirer. Cuire 20 mn SP 250 g de lentilles vertes crues + 25 cl de vin blanc + 25 cl de fond de veau + sel + poivre. Ajouter le poulet et le citron en rondelles + le jus d'1 citron. Cuire 5 mn SP. Mélanger avec 80 g de crème épaisse et servir.

### LENTILLES AU POULET ET AU CITRON

250 g de lentilles vertes crues, 4 filets de poulet, 2 citrons, 1 oignon, 80 g de crème épaisse, 25 cl de vin blanc, 25 cl de fond de veau, 1 c. à s. d'huile, sel, poivre.

Faire revenir 5 mn en MD 1 gros pâtisson et 2 pommes de terre coupés en cubes avec 20 g de beurre. Ajouter 1 chorizo fort coupé en rondelles + 2 c. à s. d'herbes de Provence + sel + poivre + 15 cl d'eau. Cuire 8 mn SP.

### PÂTISSON AU CHORIZO

1 gros pâtisson, 2 pommes de terre, 1 chorizo fort, 2 c. à s. d'herbes de Provence, 20 g de beurre, sel, poivre.


31

# Et aussi

# NOVEMBRE

2019

Lundi 18

RISOTTO AUX LÉGUMES VERTS

10 mn
25 mn

Mardi 19

BRANDADE DE CABILLAUD AU CHOU-FLEUR

15 mn
10 mn

Mercredi 20

SPAGHETTIS AUX BROCOLIS

10 mn
15 mn

Jeudi 21

BLANQUETTE DE DINDE EXPRESS

10 mn
20 mn

Vendredi 22

FUSILLIS AU POULET ET AUX COURGETTES GRILLÉES

10 mn
25 mn

Samedi 23

SALSIFIS AU JAMBON CRU

15 mn
15 mn
10 mn

Dimanche 24

VELOUTÉ DE PANAIS À LA RACLETTE

20 mn
10 mn



32

# RECETTES

Pour 4 personnes

Faire revenir 5 mn en MD 2 échalotes émincées avec 2 c. à s. d'huile. Ajouter 250 g de riz Arborio et cuire 2 mn en MD. Ajouter 150 g d'épinards + 100 g de petits pois surgelés + 150 g de haricots verts équeutés + 50 cl de bouillon de légumes + 2 c. à s. de basilic + sel + poivre. Cuire 15 mn SP.

Verser 20 cl d'eau dans la cuve et cuire 8 mn SP dans le panier vapeur 500 g de chou-fleur en fleurettes + 4 pommes de terre en cubes + 1 gousse d'ail hachée + 4 filets de cabillaud. Écraser le tout au presse-purée avec 15 cl de lait + 15 g de beurre + persil + sel + poivre.

Faire revenir 5 mn en MD 4 escalopes de poulet en morceaux + 3 gousses d'ail émincées avec 2 c. à s. d'huile d'olive. Ajouter 500 g de spaghettis cassés en 2 + 600 g de brocolis en fleurettes + sel + poivre + 50 cl d'eau. Cuire 6 mn SP. Mélanger avec 100 g de parmesan et servir.

Faire revenir 10 mn en MD 600 g de sauté de dinde + 1 oignon émincé avec 1 c. à s. d'huile. Mélanger avec 1 c. à s. de Maïzena. Ajouter 4 carottes en rondelles + 100 g de champignons de Paris en lamelles + 40 cl de bouillon de volaille + sel + poivre. Cuire 10 mn SP. Mélanger avec 100 g de crème épaisse et servir.

Faire revenir 10 mn en MD 3 courgettes en rondelles avec 2 c. à s d'huile d'olive. Ajouter 200 g d'aiguillettes de poulet et cuire 5 mn en MD. Ajouter 300 g de fusillis + le jus d'1 citron + sel + poivre + 40 cl d'eau. Cuire 6 mn SP. Mélanger avec 20 cl de crème liquide et servir.

Verser 20 cl d'eau dans la cuve et cuire 12 mn SP 1 kg de salsifis épluchés et coupés dans le panier vapeur. Retirer. Dans la cuve, mélanger les salsifis + 20 cl de crème liquide + 20 cl de béchamel + 120 g de gruyère râpé + 2 c. à s. de moutarde + persil ciselé + sel + poivre + 125 g de jambon cru en lanières. Passer en MC pendant 10 mn et servir.

Cuire 8 mn SP 500 g de panais, 2 pommes de terre et 1 oignon coupés grossièrement + 50 cl de bouillon de légumes + 5 tranches de fromage à raclette coupées en morceaux + sel + poivre. Mixer le tout avec 100 g de crème épaisse.



# COURSES

Pour 4 personnes

**RISOTTO AUX LÉGUMES VERTS**
250 g de riz Arborio, 150 g d'épinards, 150 g de haricots verts, 100 g de petits pois surgelés, 2 échalotes, 50 cl de bouillon de légumes, 2 c. à s. de basilic, 2 c. à s. d'huile, sel, poivre.

**BRANDADE DE CABILLAUD AU CHOU-FLEUR**
4 filets de cabillaud, 500 g de chou-fleur en fleurettes, 4 pommes de terre, 1 gousse d'ail, 15 cl de lait, 15 g de beurre, persil, sel, poivre.

**SPAGHETTIS AUX BROCOLIS**
500 g de spaghettis, 600 g de brocolis en fleurettes, 3 gousses d'ail, 4 escalopes de poulet, 100 g de parmesan, 2 c. à s. d'huile d'olive, sel, poivre.

**BLANQUETTE DE DINDE EXPRESS**
600 g de sauté de dinde, 100 g de champignons de Paris, 4 carottes, 1 oignon, 100 g de crème épaisse, 40 cl de bouillon de volaille, 1 c. à s. de Maïzena, 1 c. à s. d'huile, sel, poivre.

**FUSILLIS AU POULET ET AUX COURGETTES GRILLÉES**
300 g de fusillis, 200 g d'aiguillettes de poulet, 3 courgettes, 1 citron, 20 cl de crème liquide, 2 c. à s. d'huile d'olive, sel, poivre.

**SALSIFIS AU JAMBON CRU**
1 kg de salsifis, 125 g de jambon cru, 120 g de gruyère râpé, 20 cl de crème liquide, 20 cl de béchamel, 2 c. à s. de moutarde, persil, sel, poivre.

**VELOUTÉ DE PANAIS À LA RACLETTE**
500 g de panais, 2 pommes de terre, 1 oignon, 5 tranches de fromage à raclette, 100 g de crème épaisse, 50 cl de bouillon de légumes, sel, poivre.

## Et aussi

# NOV./DÉC. 2019

Lundi 25

**CURRY DE POTIMARRON**

15 mn
15 mn

Mardi 26

**CUISSE DE DINDE CARAMÉLISÉE**

10 mn
45 mn

Mercredi 27

**LOTTES À L'AIL ET ÉPINARDS AU CUMIN**

10 mn
15 mn

Jeudi 28

**POULET TANDOORI**

10 mn
10 mn

Vendredi 29

**RISOTTO AUX CALAMARS ET AU CHORIZO**

10 mn
25 mn

Samedi 30

**SAUTÉ DE DINDE À LA VANILLE**

10 mn
25 mn

Dimanche 1

**BLETTES AU CHORIZO ET À L'AIL**

10 mn
20 mn



34

# RECETTES

Pour 4 personnes

Faire revenir 6 mn en MD 1 oignon émincé avec 1 c. à s. d'huile. Ajouter 1 potimarron en cubes + 500 g de chou-fleur en fleurettes + 2 c. à s. de garam masala + 1 c. à c. de cumin + 1 c. à s. de curcuma + 1 c. à s. de concentré de tomates + 20 cl de lait de coco + 15 cl de bouillon de légumes. Cuire 7 mn SP.

Faire revenir 10 mn en MD 1 cuisse de dinde + 4 gousses d'ail non pelées avec 30 g de beurre. Ajouter 20 cl de vin blanc et cuire 2 mn en MD. Ajouter 4 grosses pommes de terre + 3 carottes + 3 c. à s. de sauce soja sucrée + 3 c. à s. de miel + 20 cl de bouillon de volaille + sel + poivre. Cuire 30 mn SP.

Verser 20 cl d'eau dans la cuve et cuire 2 mn SP 600 g d'épinards en feuilles dans le panier vapeur. Mélanger avec 30 g de beurre + 1 c. à c. de cumin + sel + poivre. Cuire 5 mn en MD 150 g de lardons + 4 gousses d'ail. Ajouter 6 cl de vinaigre balsamique + 20 cl de lait de coco + 6 dos de lottes + sel + poivre. Cuire 5 mn SP.

Dans 1 saladier, mélanger 8 pilons de poulet avec 1 yaourt bulgare + 1 gousse d'ail hachée + 2 c. à s. d'épices tandoori + 1 c. à c. rase de gingembre + 1 c. à c. de curcuma + le jus d'1 citron vert + 10 cl d'huile de tournesol + sel. Mettre dans la cuve avec 20 cl de lait de coco et cuire 6 mn SP.

Faire revenir 5 mn en MD 1 chorizo doux en rondelles + 200 g de calamars surgelés + 2 gousses d'ail émincées. Ajouter 250 g de riz Arborio et cuire 2 mn en MD. Ajouter 20 cl de vin blanc + 2 poivrons en lamelles + 30 cl de bouillon de légumes + sel. Cuire 15 mn SP.

Faire revenir 5 mn en MD 3 échalotes émincées + 1 kg de sauté de dinde avec 1 c. à s. d'huile. Mélanger avec 1 c. à s. de Maïzena Ajouter 3 carottes et 3 pommes de terre coupées grossièrement + 40 cl de bouillon de volaille + sel + 2 gousses de vanille égrainées Cuire 20 mn SP. Mélanger à 20 cl de crème liquide + du persil plat ciselé et servir.

Verser dans la cuve 20 cl d'eau + le jus d'1 citron et cuire 10 mn SP 6 côtes de blettes épluchées et coupées en tronçons dans le panier vapeur. Retirer. Faire dorer 5 mn en MD 1 chorizo doux en rondelles + 3 gousses d'ail émincées + du persil ciselé. Ajouter les blettes + sel + poivre et cuire 3 mn en MD.



# COURSES

Pour 4 personnes

### CURRY DE POTIMARRON

1 potimarron, 500 g de chou-fleur en fleurettes, 1 oignon, 1 c. à s. de concentré de tomates, 2 c. à s. de garam masala, 1 c. à s. de curcuma, 1 c. à c. de cumin, 20 cl de lait de coco, 15 cl de bouillon de légumes, 1 c. à s. d'huile.

### CUISSE DE DINDE CARAMÉLISÉE

1 cuisse de dinde, 4 grosses pommes de terre, 3 carottes, 4 gousses d'ail, 3 c. à s. de sauce soja sucrée, 3 c. à s. de miel, 20 cl de vin blanc, 20 cl de bouillon de volaille, 30 g de beurre, sel, poivre.

### LOTTES À L'AIL ET ÉPINARDS AU CUMIN

6 dos de lottes, 4 gousses d'ail, 600 g d'épinards en feuilles, 1 c. à c. de cumin, 150 g de lardons, 20 cl de lait de coco, 6 cl de vinaigre balsamique, 30 g de beurre, sel, poivre.

### POULET TANDOORI

8 pilons de poulet, 1 yaourt bulgare, 1 gousse d'ail, 1 citron vert, 2 c. à s. d'épices tandoori, 1 c. à c. rase de gingembre, 1 c. à c. de curcuma, 20 cl de lait de coco, 10 cl d'huile de tournesol, sel.

### RISOTTO AUX CALAMARS ET AU CHORIZO

250 g de riz Arborio, 200 g de calamars surgelés, 1 chorizo doux, 2 poivrons, 2 gousses d'ail, 30 cl de bouillon de légumes, 20 cl de vin blanc, sel.

### SAUTÉ DE DINDE À LA VANILLE

1 kg de sauté de dinde, 2 gousses de vanille, 3 carottes, 3 pommes de terre, 3 échalotes, 40 cl de bouillon de volaille, 20 cl de crème liquide, persil plat, 1 c. à s. de Maïzena, 1 c. à s. d'huile, sel.

### BLETTES AU CHORIZO ET À L'AIL

6 côtes de blettes, 1 chorizo doux, 3 gousses d'ail, 1 citron, persil, sel, poivre.

## Et aussi

# DÉCEMBRE 2019

Lundi **2**

**RIZ CANTONAIS**

10 mn
10 mn

Mardi **3**

**FUSILLIS AU FENOUIL ET AU SAUMON FUMÉ**

10 mn
15 mn

Mercredi **4**

**VELOUTÉ D'ÉPINARDS À LA CORIANDRE**

10 mn
15 mn

Jeudi **5**

**RÔTI DE PORC À L'ESTRAGON**

10 mn
35 mn

Vendredi **6**

**CARBONNADE AU PAIN D'ÉPICES**

15 mn
50 mn

Samedi **7**

**POULET AUX HARICOTS ROUGES**

15 mn
25 mn

Dimanche **8**

**FILET MIGNON AU FOIE GRAS**

20 mn
25 mn
10 mn



36

# RECETTES

Pour 4 personnes

# COURSES

Pour 4 personnes

## RIZ CANTONAIS

Cuire 2 mn environ en MD 4 œufs battus en omelette avec 1 c. à s. d'huile. Retirer et couper. Faire revenir 2 mn en MD 1 oignon émincé dans l'huile. Ajouter 250 g de riz + 120 g de petits pois surgelés + 50 cl de bouillon de légumes + sel + poivre. Cuire 6 mn SP. Mélanger avec les œufs + 150 g de dés de jambon blanc et servir.

250 g de riz, 4 œufs, 150 g de dés de jambon blanc, 120 g de petits pois surgelés, 1 oignon, 50 cl de bouillon de légumes, 1 c. à s. d'huile, sel, poivre.

## FUSILLIS AU FENOUIL ET AU SAUMON FUMÉ

Faire revenir 6 mn en MD 1 fenouil coupé en morceaux avec 2 c. à s d'huile. Ajouter 500 g de fusillis + 60 cl d'eau + sel + poivre. Cuire 5 mn SP. Mélanger avec 20 cl de crème liquide + 200 g de saumon fumé coupé en lamelles + 10 brins de ciboulette ciselée

500 g de fusillis, 1 fenouil, 200 g de saumon fumé, 20 cl de crème liquide, 10 brins de ciboulette, 2 c. à s. d'huile, sel, poivre.

## VELOUTÉ D'ÉPINARDS À LA CORIANDRE

Faire revenir 5 mn en MD 2 échalotes émincées avec 25 g de beurre. Ajouter 1 kg d'épinards en feuilles et cuire 2 mn en MD. Ajouter 1 bouquet de coriandre ciselée + sel + 20 cl de lait de coco + 20 cl d'eau + 1 pincée de piment d'Espelette. Cuire 4 mn SP. Mixer le tout et ajouter de l'eau selon la texture souhaitée.

1 kg d'épinards en feuilles, 2 échalotes, 1 bouquet de coriandre, 20 cl de lait de coco, 25 g de beurre, 1 pincée de piment d'Espelette, sel.

## RÔTI DE PORC À L'ESTRAGON

Faire revenir 6 mn en MD 700 g de rôti de porc + 3 échalotes émincées avec 2 c. à s. d'huile. Ajouter 6 pommes de terre en cubes + 25 cl de vin blanc + 2 branches d'estragon + 30 cl de fond de veau + sel + poivre. Cuire 25 mn SP.

700 g de rôti de porc, 2 branches d'estragon, 6 pommes de terre, 3 échalotes, 30 cl de fond de veau, 25 cl de vin blanc, 2 c. à s. d'huile, sel, poivre.

## CARBONNADE AU PAIN D'ÉPICES

Faire revenir 3 mn en MD 1 oignon émincé + 1 c. à s. de cassonade. Mélanger avec 600 g de paleron de bœuf en cubes + 1 c. à s. d'huile + 1 c. à s. de farine et cuire 10 mn en MD. Ajouter 300 g de pommes de terre grenailles + 25 cl de bière brune + sel + poivre + 2 tranches de pain d'épices tartinées d'1 c. à s. de moutarde forte. Cuire 35 mn SP.

600 g de paleron de bœuf, 2 tranches de pain d'épices, 300 g de pommes de terre grenailles, 1 oignon, 25 cl de bière brune, 1 c. à s. de moutarde forte, 1 c. à s. de cassonade, 1 c. à s. de farine, 1 c. à s. d'huile, sel, poivre.

## POULET AUX HARICOTS ROUGES

Faire revenir 7 mn en MD 4 cuisses de poulet + 2 poivrons en dés + 1 oignon émincé avec 1 c. à s. d'huile. Ajouter 400 g de haricots rouges + 2 c. à s. de concentré de tomates + 4 tomates en dés + 20 cl de lait de coco + sel + poivre + 40 cl d'eau. Cuire 15 mn SP.

4 cuisses de poulet, 400 g de haricots rouges, 4 tomates, 2 poivrons, 1 oignon, 2 c. à s. de concentré de tomates, 20 cl de lait de coco, 1 c. à s. d'huile, sel, poivre.

## FILET MIGNON AU FOIE GRAS

Faire revenir 5 mn en MD 2 échalotes émincées + 1 filet mignon en tranches avec 1 c. à s. d'huile. Ajouter 100 g de cèpes + 5 cl de cognac + 15 cl de fond de veau + 4 branches de romarin + sel + poivre. Cuire 20 mn SP. Passer en mode MC pendant 10 mn 150 g de bloc de foie gras en cubes + 20 cl de crème liquide et servir.

1 filet mignon, 150 g de bloc de foie gras, 100 g de cèpes, 2 échalotes, 15 cl de fond de veau, 20 cl de crème liquide, 5 cl de cognac, 4 branches de romarin, 1 c. à s. d'huile, sel, poivre.

## Et aussi

# DÉCEMBRE

2019

Lundi **9**

**NOUILLES AUX OLIVES ET AU PARMESAN**

5 mn
5 mn

Mardi **10**

**COQUILLETTES AU CABILLAUD**

10 mn
5 mn

Mercredi **11**

**RAGOÛT D'AGNEAU**

15 mn
25 mn

Jeudi **12**

**SAUTÉ DE PORC AU CURRY ET À L'ANANAS**

15 mn
30 mn

Vendredi **13**

**SAUTÉ DE PORC AUX HARICOTS TARBAIS**

10 mn
30 mn
12 h

Samedi **14**

**SUPRÊMES DE PINTADE AUX POIRES**

15 mn
30 mn

Dimanche **15**

**DAUBE DE SANGLIER AUX OLIVES**

20 mn
50 mn



38

## RECETTES
Pour 4 personnes

## COURSES
Pour 4 personnes

### NOUILLES AUX OLIVES ET AU PARMESAN

Dans la cuve, mettre 400 g de nouilles + 4 gousses d'ail non pelées + 20 olives noires dénoyautées + 2 c. à s. d'huile d'olive + sel + poivre + 50 cl d'eau. Cuire 5 mn SP. Mélanger avec 100 g de parmesan râpé + du persil plat ciselé avant de servir.

400 g de nouilles, 20 olives noires dénoyautées, 100 g de parmesan râpé, 4 gousses d'ail, persil plat, 2 c. à s. d'huile d'olive, sel, poivre.

### COQUILLETTES AU CABILLAUD

Dans la cuve, mettre 400 g de coquillettes + 8 tomates confites coupées en dés + 60 cl d'eau + 1 c. à s. d'huile d'olive + sel + poivre. Déposer 3 filets de cabillaud et cuire 5 mn SP. Mélanger avec 20 cl de crème liquide + du persil plat ciselé (le poisson doit s'émietter).

400 g de coquillettes, 3 filets de cabillaud, 8 tomates confites, 20 cl de crème liquide, persil plat, 1 c. à s. d'huile d'olive, sel, poivre.

### RAGOÛT D'AGNEAU

Faire revenir 10 mn en MD 1 épaule d'agneau sans os coupée en cubes + 2 oignons émincés avec 1 c. à s. d'huile. Mélanger avec 2 c. à s. de farine. Ajouter 3 carottes en rondelles + 5 pommes de terre et 1 navet en cubes + 1 bouquet garni + sel + poivre + 25 cl d'eau. Cuire 15 mn SP.

1 épaule d'agneau sans os, 5 pommes de terre, 3 carottes, 1 navet, 2 oignons, bouquet garni, 2 c. à s. de farine, 1 c. à s. d'huile, sel, poivre.

### SAUTÉ DE PORC AU CURRY ET À L'ANANAS

Faire revenir 6 mn en MD 700 g de joue de porc en cubes + 2 échalotes émincées avec 1 c. à s. d'huile. Mélanger avec 1 c. à s. de Maïzena. Ajouter 10 cl de vin blanc + 20 cl de bouillon de volaille + 2 c. à s. de curry + 1 c. à s. de gingembre + 450 g d'ananas en conserve coupé en cubes. Cuire 20 mn SP.

700 g de joue de porc, 2 c. à s. de curry, 450 g d'ananas en conserve, 2 échalotes, 20 cl de bouillon de volaille, 10 cl de vin blanc, 1 c. à s. de gingembre, 1 c. à s. de Maïzena, 1 c. à s. d'huile.

### SAUTÉ DE PORC AUX HARICOTS TARBAIS

Tremper 400 g de haricots tarbais dans l'eau pendant 12 h. Faire revenir 10 mn en MD 1 chorizo doux en rondelles + 2 oignons émincés + 600 g de sauté de porc. Ajouter les haricots + 400 g de tomates concassées en conserve + 25 cl de bouillon de volaille + 2 c. à s. de thym + sel + poivre. Cuire 20 mn SP.

600 g de sauté de porc, 400 g de haricots tarbais, 400 g de tomates concassées en conserve, 1 chorizo doux, 2 oignons, 25 cl de bouillon de volaille, 2 c. à s. de thym, sel, poivre.

### SUPRÊMES DE PINTADE AUX POIRES

Faire revenir 5 mn en MD 1 boîte de poires au sirop égouttées et coupées en 4 + 20 g de beurre. Retirer. Cuire 6 mn en MD 4 suprêmes de pintade + 1 oignon et 1 échalote émincés avec 1 c. à s. d'huile. Ajouter 150 g de champignons en lamelles + 20 cl de vin blanc + 1 c. à s. de thym + sel + poivre + 10 cl d'eau. Cuire 15 mn SP et servir avec les poires.

4 suprêmes de pintade, 1 boîte de poires au sirop, 150 g de champignons, 1 oignon, 1 échalote, 1 c. à s. de thym, 20 cl de vin blanc, 20 g de beurre, 1 c. à s. d'huile, sel, poivre.

### DAUBE DE SANGLIER AUX OLIVES

Faire revenir 10 mn en MD 150 g de lardons + 1,5 kg de paleron de sanglier en cubes + 2 oignons émincés + 3 gousses d'ail. Ajouter 3 carottes et 3 tomates pelées en conserve en dés + 20 olives noires + 25 cl de bouillon de bœuf + 60 cl de vin rouge + 2 c. à s. de thym + sel + poivre. Cuire 40 mn SP.

1,5 kg de paleron de sanglier, 150 g de lardons, 20 olives noires, 3 carottes, 3 tomates pelées en conserve, 2 oignons, 3 gousses d'ail, 60 cl de vin rouge, 25 cl de bouillon de bœuf, 2 c. à s. de thym, sel, poivre.

## Et aussi

# DÉCEMBRE

2019

Lundi 16

**ROSBIF AUX CHAMPIGNONS**

15 mn
15 mn

Mardi 17

**SPAGHETTIS AUX CREVETTES, AU CITRON ET AU CURRY**

10 mn
10 mn

Mercredi 18

**RÔTI DE BŒUF AU THYM**

10 mn
20 mn

Jeudi 19

**CURRY D'AGNEAU AU RIZ**

15 mn
25 mn

Vendredi 20

**ŒUFS COCOTTE À LA CARBONARA**

10 mn
10 mn

Samedi 21

**NAVARIN D'AGNEAU AUX LÉGUMES**

15 mn
35 mn

Dimanche 22

**JOUE DE BŒUF FAÇON TEX-MEX**

10 mn
45 mn


40

# RECETTES

Pour 4 personnes

Faire revenir 5 mn en MD 1 kg de rosbif + 3 gousses d'ail hachées avec 1 c. à s. d'huile. Ajouter 400 g de champignons de Paris en lamelles + les graines d'1 grenade + du persil plat ciselé + sel + poivre + 15 cl d'eau. Cuire 6 mn SP pour une viande saignante ou 8 mn pour une cuisson à point.

Faire revenir 5 mn en MD 1 échalote et 2 gousses d'ail émincées avec 2 c. à s. d'huile d'olive. Ajouter 400 g de spaghettis cassés en 2 + 300 g de crevettes crues décortiquées surgelées + le jus d'1 citron + 1 c. à s. de curry + du persil plat ciselé + sel + poivre + 50 cl d'eau. Cuire 5 mn SP.

Faire revenir 10 mn en MD 150 g de lardons fumés + 600 g de rôti de bœuf + 2 oignons émincés. Ajouter 6 pommes de terre en cubes + 2 carottes en rondelles + 4 c. à s. de thym + sel + poivre + 15 cl d'eau. Cuire 6 mn SP.

Faire revenir 8 mn en MD 800 g d'épaule d'agneau sans os en cubes + 2 oignons émincés avec 1 c. à s. d'huile. Mélanger avec 1 c. à s. de farine. Ajouter 150 g de riz + 3 carottes en cubes + 1 c. à s. de curry + 50 g de raisins blonds + 1 bouquet garni + sel + poivre + 40 cl d'eau. Cuire 15 mn SP.

Cuire 4 mn SP 80 g de coquillettes + 25 cl d'eau salée. Faire revenir 3 mn en MD 75 g de lardons. Mélanger 3 c. à s. de crème épaisse + 4 c. à c. de basilic + sel + poivre + les pâtes + les lardons. Répartir dans 4 ramequins. Casser 4 œufs et ajouter 40 g de parmesan. Verser 20 cl d'eau dans la cuve et cuire dans le panier vapeur 3 mn SP.

Faire revenir 6 mn en MD 600 g d'épaule d'agneau desossée en cubes + 2 oignons émincés avec 1 c. à s. d'huile. Mélanger avec 1 c. à s. de farine. Ajouter 3 carottes en rondelles + 2 navets et 6 pommes de terre en cubes + 1 bouquet garni + du persil plat ciselé + sel + poivre + 35 cl d'eau. Cuire 25 mn SP.

Faire revenir 10 mn en MD 600 g de joue de bœuf + 1 oignon émincé avec 1 c. à s. d'huile. Ajouter 2 carottes et 2 poivrons en dés + 200 g de maïs + 200 g de haricots rouges cuits + 25 cl de purée de tomates + 1 c. à c. de paprika + 3 gouttes de Tabasco + du persil ciselé + sel + poivre + 15 cl d'eau. Cuire 35 mn SP.

# COURSES

Pour 4 personnes

### ROSBIF AUX CHAMPIGNONS

1 kg de rosbif, 400 g de champignons de Paris, 1 grenade, 3 gousses d'ail, persil plat, 1 c. à s. d'huile, sel, poivre.

### SPAGHETTIS AUX CREVETTES, AU CITRON ET AU CURRY

400 g de spaghettis, 300 g de crevettes crues décortiquées surgelées, 1 citron, 1 échalote, 2 gousses d'ail, 1 c. à s. de curry, persil plat, 2 c. à s. d'huile d'olive, sel, poivre.

### RÔTI DE BŒUF AU THYM

600 g de rôti de bœuf, 4 c. à s. de thym, 150 g de lardons fumés, 6 pommes de terre, 2 carottes, 2 oignons, sel, poivre.

### CURRY D'AGNEAU AU RIZ

800 g d'épaule d'agneau sans os, 150 g de riz, 3 carottes, 2 oignons, 50 g de raisins blonds, 1 c. à s. de curry, 1 c. à s. de farine, 1 bouquet garni, 1 c. à s. d'huile, sel, poivre.

### ŒUFS COCOTTE À LA CARBONARA

4 œufs, 80 g de coquillettes, 75 g de lardons, 40 g de parmesan, 3 c. à s. de crème épaisse, 4 c. à c. de basilic, sel, poivre.

### NAVARIN D'AGNEAU AUX LÉGUMES

600 g d'épaule d'agneau désossée, 6 pommes de terre, 3 carottes, 2 navets, 2 oignons, 1 bouquet garni, persil plat, 1 c. à s. de farine, 1 c. à s. d'huile, sel, poivre.

### JOUE DE BŒUF FAÇON TEX-MEX

600 g de joue de bœuf, 200 g de haricots rouges cuits, 200 g de maïs, 2 poivrons, 2 carottes, 1 oignon, 25 cl de purée de tomates, 3 gouttes de Tabasco, 1 c. à c. de paprika, persil, 1 c. à s. d'huile, sel, poivre.

## Et aussi

# DÉCEMBRE

2019

Lundi **23**

**ÉPAULE D'AGNEAU AUX LÉGUMES D'HIVER**

10 mn
45 mn

Mardi **24**

**CANARD AUX AIRELLES**

15 mn
10 mn

Mercredi **25**

Noël

**MOUTON AUX FENOUILS**

15 mn
45 mn

Jeudi **26**

**RISOTTO AUX CREVETTES**

10 mn
25 mn

Vendredi **27**

**PAIN DE VIANDE AU BACON**

15 mn
25 mn

Samedi **28**

**LÉGUMES MIJOTÉS**

15 mn
15 mn

Dimanche **29**

**PENNE À LA CRÈME ET AUX MOULES**

5 mn
15 mn



42

# RECETTES

Pour 4 personnes

# COURSES

Pour 4 personnes

### ÉPAULE D'AGNEAU AUX LÉGUMES D'HIVER

1 épaule d'agneau, 1 carotte, 1 oignon, 1 tête d'ail, 150 g de lardons fumés, 25 cl de fond de veau, 10 cl de vin blanc, 1 bouquet garni, 1 c. à s. d'huile, sel, poivre.

Faire revenir 10 mn en MD 1 épaule d'agneau avec 1 c. à s. d'huile. Ajouter 1 oignon émincé + 150 g de lardons fumés et cuire 3 mn en MD. Ajouter 10 cl de vin blanc et cuire 2 mn en MD. Ajouter 1 carotte en dés + 1 tête d'ail détaillée + 25 cl de fond de veau + 1 bouquet garni + sel + poivre. Cuire 30 mn SP.

### CANARD AUX AIRELLES

2 magrets de canard, 100 g d'airelles, 2 pommes, 1 échalote, 50 g de crème épaisse, 5 cl de vin rouge, 1 c. à c. de sucre, sel, poivre.

Faire revenir 3 mn en MD 2 magrets de canard tranchés + 1 échalote émincée. Ajouter 100 g d'airelles + 1 c. à c. de sucre + 5 cl de vin rouge + 2 pommes en quartiers + sel + poivre + 2 c. à s. d'eau. Cuire 3 mn SP. Mélanger avec 50 g de crème épaisse.

### MOUTON AUX FENOUILS

1,5 kg d'épaule de mouton désossée, 4 fenouils, 4 gousses d'ail, 25 cl de vin blanc, 25 g de beurre, 1 c. à s. de moutarde, 1 bouquet garni, sel, poivre.

Faire revenir 10 mn en MD 1,5 kg d'épaule de mouton désossée roulée sur elle-même et piquée de 4 gousses d'ail avec 25 g de beurre. Ajouter 25 cl de vin blanc et cuire 2 mn en MD. Ajouter 4 fenouils en morceaux + 1 c. à s. de moutarde + 1 bouquet garni + sel + poivre + 15 cl d'eau. Cuire 30 mn SP.

### RISOTTO AUX CREVETTES

250 g de riz Arborio, 400 g de crevettes crues décortiquées surgelées, 1 blanc de poireau, 1 échalote, 40 cl de vin blanc, 60 g de parmesan, 30 g de beurre, 1 dose de safran, sel, poivre.

Faire revenir 2 mn en MD 1 échalote émincée + 30 g de beurre. Ajouter 250 g de riz Arborio et cuire 2 mn en MD. Ajouter 40 cl de vin blanc et cuire 2 mn en MD. Ajouter 400 g de crevettes crues décortiquées surgelées + 1 blanc de poireau en rondelles + 1 dose de safran + sel + poivre + 10 cl d'eau. Cuire 15 mn SP. Mélanger avec 60 g de parmesan et servir.

### PAIN DE VIANDE AU BACON

250 g de porc haché, 250 g de veau haché, 125 g de bacon en tranches, 2 tranches de pain de mie, 1 œuf, 10 cl de fond de veau, persil, sel, poivre.

Dans 1 saladier, mélanger 250 g de porc haché + 250 g de veau haché + 10 cl de fond de veau + 1 œuf + 2 tranches de pain de mie mouillé d'eau + du persil ciselé + sel + poivre. Tapisser 1 terrine de 125 g de bacon en tranches et ajouter la préparation. Verser 20 cl d'eau dans la cuve et cuire 23 mn SP dans le panier vapeur.

### LÉGUMES MIJOTÉS

300 g de petits pois surgelés, 200 g de tomates concassées, 6 pommes de terre, 3 carottes, 1 oignon, 2 gousses d'ail, 1 c. à s. de paprika, 1 bouquet garni, persil plat, 1 c. à s. d'huile, sel, poivre.

Faire revenir 5 mn en MD 1 oignon et 2 gousses d'ail émincés avec 1 c. à s. d'huile. Ajouter 300 g de petits pois surgelés + 3 carottes en rondelles + 6 pommes de terre en cubes + 1 c. à s. de paprika + 200 g de tomates concassées + 1 bouquet garni + du persil plat ciselé + sel + poivre + 25 cl d'eau. Cuire 7 mn SP.

### PENNE À LA CRÈME ET AUX MOULES

500 g de penne, 200 g de mascarpone, 300 g de moules décortiquées surgelées, 1 oignon, 2 gousses d'ail, ciboulette, 1 pincée de noix de muscade, 1 c. à s. d'huile, sel, poivre.

Faire revenir 5 mn en MD 1 oignon et 2 gousses d'ail émincés avec 1 c. à s. d'huile. Ajouter 500 g de penne + 300 g de moules décortiquées surgelées + 1 pincée de noix de muscade + de la ciboulette ciselée + sel + poivre + 60 cl d'eau. Cuire 6 mn SP. Mélanger avec 200 g de mascarpone et servir.


43

## Et aussi

# DÉC./JANV. 2019 2020

Lundi 30

**SOURIS D'AGNEAU AUX 4-ÉPICES**

5 mn
35 mn

Mardi 31

**CASSOLETTES DE NOIX DE SAINT-JACQUES**

10 mn
10 mn

Mercredi 1

Jour de l'An

**LENTILLES AU POULET**

10 mn
20 mn

Jeudi 2

**FILETS DE MERLU AUX TOMATES**

5 mn
15 mn

Vendredi 3

**GRATIN DE COURGETTES**

5 mn
45 mn

Samedi 4

**POMMES DE TERRE À LA RACLETTE ET AU CHORIZO**

10 mn
15 mn

Dimanche 5

**GALETTE DES ROIS SALÉE**

5 mn
40 mn



44

# RECETTES

Pour 4 personnes

# COURSES

Pour 4 personnes

### SOURIS D'AGNEAU AUX 4-ÉPICES

Faire revenir 6 mn en MD 2 souris d'agneau + 2 oignons rouges émincés avec 2 c. à s. d'huile d'olive en retournant à mi-cuisson. Ajouter 2 c. à s. de miel + 1 c. à s. de mélange 4-épices et cuire 4 mn en MD. Ajouter 1 bouquet de menthe ciselée + sel + poivre + 20 cl d'eau. Cuire 25 mn SP et servir avec 400 g de tagliatelles fraîches.

2 souris d'agneau, 1 c. à s. de mélange 4-épices, 400 g de tagliatelles fraîches, 2 oignons rouges, 1 bouquet de menthe, 2 c. à s. de miel, 2 c. à s. d'huile d'olive, sel, poivre.

### CASSOLETTES DE NOIX DE SAINT-JACQUES

Faire revenir 3 mn en MD 1 échalote émincée + 20 noix de Saint-Jacques + 8 crevettes crues avec 1 c. à s. d'huile. Mélanger avec 1 c. à c. de Maïzena. Ajouter 100 g de champignons en morceaux + 15 cl de vin blanc + sel + poivre + 15 cl d'eau. Cuire 5 mn SP. Mélanger avec 10 cl de crème liquide + du persil ciselé et servir.

20 noix de Saint-Jacques, 8 crevettes crues, 100 g de champignons, 1 échalote, 15 cl de vin blanc, 10 cl de crème liquide, 1 c. à c. de Maïzena, persil, 1 c. à s. d'huile, sel, poivre.

### LENTILLES AU POULET

Faire revenir 3 escalopes de poulet coupées en dés + 1 échalote émincée avec 1 c. à s. d'huile 5 mn en MD. Ajouter 250 g de lentilles crues + 1 carotte en rondelles + sel + poivre + 3 feuilles de laurier. Ajouter 75 cl d'eau et cuire 15 mn SP. Ajouter 1 c. à s. de moutarde et 1 c. à s. de crème fraîche.

250 g de lentilles crues, 3 escalopes de poulet, 1 carotte, 1 échalote, 1 c. à s. de moutarde, 1 c. à s. de crème fraîche, 3 feuilles de laurier, 1 c. à s. d'huile, sel, poivre.

### FILETS DE MERLU AUX TOMATES

Faire revenir 5 mn en MD 1 échalote hachée + 2 poivrons et 4 tomates en dés + du persil avec 1 c. à s. d'huile. Ajouter 10 cl de vin blanc + 5 cl de jus de citron. Mettre 4 filets de merlu dans le panier vapeur, saler et poivrer. Cuire 10 mn SP.

4 filets de merlu, 4 tomates, 2 poivrons, 1 échalote, 10 cl de vin blanc, 5 cl de jus de citron, 1 c. à s. d'huile, persil, sel, poivre.

### GRATIN DE COURGETTES

Mettre 50 g de riz + 200 ml d'eau dans la cuve, 4 courgettes coupées en rondelles dans le panier vapeur et cuire SP 8 mn. Faire revenir 80 g de lardons + 1 oignon émincé 5 mn en MD. Dans 1 plat, mélanger les courgettes écrasées, le riz, les lardons, l'oignon, 1 œuf et 4 c. à s. de crème fraîche. Saler et poivrer. Couvrir de 90 g de gruyère râpé et enfourner 30 mn à 200 °C.

4 courgettes, 1 oignon, 80 g de lardons, 50 g de riz, 90 g de gruyère râpé, 4 c. à s. de crème fraîche, 1 œuf, sel, poivre.

### POMMES DE TERRE À LA RACLETTE ET AU CHORIZO

Faire revenir 1 oignon émincé avec 1 c. à s. d'huile 5 mn en MD. Ajouter 8 pommes de terre coupées en cubes, 1 chorizo doux coupé en rondelles, 25 cl de crème liquide, 2 cl d'eau et du persil. Saler et poivrer. Déposer 100 g de fromage à raclette sur le dessus et cuire SP 10 mn.

8 pommes de terre, 1 oignon, 100 g de fromage à raclette, 1 chorizo doux, 25 cl de crème liquide, 1 c. à s. d'huile, persil, sel, poivre.

### GALETTE DES ROIS SALÉE

Faire revenir 8 mn en MD avec 1 c. à s. d'huile 250 g de blancs de poulet en cubes + 1 oignon émincé + du persil + 1 c. à c. de cannelle + sel + poivre. Ajouter 1 œuf battu + 40 g de raisins secs + 20 g d'amandes concassées. Déposer sur 1 pâte feuilletée et couvrir avec 1 pâte feuilletée. Badigeonner d'1 jaune d'œuf et enfourner 30 mn à 180 °C.

2 pâtes feuilletées, 250 g de blancs de poulet, 40 g de raisins secs, 20 g d'amandes concassées, 1 oignon, 1 œuf + 1 jaune, 1 c. à c. de cannelle, 1 c. à s. d'huile, persil, sel, poivre.

## Et aussi

# JANVIER

2020

Lundi 6

**BŒUF-CAROTTES**

10 mn
45 mn

Mardi 7

**SAUCISSES FUMÉES ET BUTTERNUT**

10 mn
15 mn

Mercredi 8

**ENDIVES ET POIREAUX À LA CANCOILLOTTE**

10 mn
10 mn

Jeudi 9

**BLÉSOTTO À LA TOMATE**

10 mn
15 mn

Vendredi 10

**SPAGHETTIS À LA VIANDE HACHÉE ET AUX COURGETTES**

5 mn
15 mn

Samedi 11

**COUSCOUS EXPRESS**

5 mn
25 mn

Dimanche 12

**ŒUFS COCOTTE JAMBON-GRUYÈRE**

10 mn
5 mn



46

# RECETTES

Pour 4 personnes

Faire revenir 600 g de joue de bœuf + 1 oignon émincé dans 1 c. à s. d'huile 10 mn en MD. Ajouter 600 g de carottes en rondelles, 1 bouillon cube de bœuf, 100 g de champignons de Paris en lamelles, 37 cl de vin rouge, 10 cl d'eau, du sel et du poivre. Cuire 35 mn SF.

Faire revenir 4 saucisses fumées coupées en rondelles avec 2 échalotes émincées 5 mn en MD. Ajouter 1 c. à s. de fond de veau, 100 g d'épinards frais, 1 courge butternut coupée en cubes, 200 ml d'eau, du sel et du poivre. Cuire 10 mn SP.

Faire revenir 6 mn en MD, dans 10 cl de vin blanc, 4 endives + 4 blancs de poireaux coupés en rondelles, 2 gousses d'ail hachées et 75 g de bacon fumé. Ajouter 10 cl d'eau, 1 pot de cancoillotte, du sel et du poivre. Cuire SP 4 mn.

Faire revenir 5 mn en MD 1 oignon émincé + 2 poivrons coupés en cubes avec 1 c. à s. d'huile. Ajouter 2 carottes coupées en dés, 400 g d'Ebly, 1 boîte de tomates pelées (400 g), 1 l d'eau 1 bouquet garni, du sel et du poivre. Cuire 7 mn SP.

Faire revenir 5 mn en MD 1 oignon émincé + 250 g de viande hachée dans 1 c. à s. d'huile. Ajouter 200 g de spaghettis, 2 courgettes en rondelles, 1 c. à s. d'origan, 1 c. à s. de fond de veau, c. à s. de basilic, 60 cl d'eau, du sel et du poivre. Cuire 8 mn SP.

Faire revenir 6 mn en MD 4 pilons de poulet, 4 merguez et 1 oignon émincé dans 1 c. à s. d'huile. Ajouter 600 g de légumes à couscous surgelés, 2 c. à s. de ras-el-hanout, 2 c. à s. de concentré de tomates, du sel et couvrir d'eau. Cuire 15 mn SP.

Dans 4 ramequins, déposer dans l'ordre 1 c. à s. de crème fraîche + 2 tranches de jambon blanc coupées en dés + 1 œuf + 1 c. à s. de crème fraîche + sel + poivre + de la ciboulette ciselée et recouvrir de 40 g de gruyère râpé. Verser 20 cl d'eau dans la cuve et cuire dans le panier vapeur 3 mn SP.

# COURSES

Pour 4 personnes

### BŒUF-CAROTTES

600 g de joue de bœuf, 600 g de carottes, 100 g de champignons de Paris, 1 oignon, 37 cl de vin rouge, 1 c. à s. d'huile, 1 bouillon cube de bœuf, sel, poivre.

### SAUCISSES FUMÉES ET BUTTERNUT

4 saucisses fumées, 1 courge butternut, 100 g d'épinards frais, 2 échalotes, 1 c. à s. de fond de veau, sel, poivre.

### ENDIVES ET POIREAUX À LA CANCOILLOTTE

4 endives, 4 blancs de poireaux, 2 gousses d'ail, 1 pot de cancoillotte, 75 g de bacon fumé, 10 cl de vin blanc, sel, poivre.

### BLÉSOTTO À LA TOMATE

400 g d'Ebly, 1 boîte de tomates pelées (400 g), 2 poivrons, 2 carottes, 1 oignon, 1 bouquet garni, 1 c. à s. d'huile, sel, poivre.

### SPAGHETTIS À LA VIANDE HACHÉE ET AUX COURGETTES

200 g de spaghettis, 250 g de viande hachée, 2 courgettes, 1 oignon, 1 c. à s. d'origan, 1 c. à s. de basilic, 1 c. à s. de fond de veau, 1 c. à s. d'huile, sel, poivre.

### COUSCOUS EXPRESS

4 pilons de poulet, 4 merguez, 600 g de légumes à couscous surgelés, 1 oignon, 2 c. à s. de concentré de tomates, 2 c. à s. de ras-el-hanout, 1 c. à s. d'huile, sel.

### ŒUFS COCOTTE JAMBON-GRUYÈRE

4 œufs, 2 tranches de jambon blanc, 40 g de gruyère râpé, 8 c. à s. de crème fraîche, ciboulette, sel, poivre.

# Et aussi

# JANVIER

2020

Lundi
13

**FILET MIGNON SAUCE MOUTARDE**
10 mn
25 mn

Mardi
14

**CUISSES DE POULET AUX CITRONS**
5 mn
25 mn

Mercredi
15

**BOULETTES À LA SAUCE TOMATE**
10 mn
15 mn

Jeudi
16

**DOS DE CABILLAUD ET POTIMARRON**
15 mn
10 mn

Vendredi
17

**PENNE FAÇON CARBONARA**
5 mn
10 mn

Samedi
18

**MIJOTÉ DE BŒUF AUX ÉPINARDS**
15 mn
45 mn

Dimanche
19

**VELOUTÉ DU DIMANCHE SOIR**
15 mn
20 mn



48

# RECETTES

Pour 4 personnes

Faire revenir 5 mn en MD 1 filet mignon et 1 échalote émincée avec 1 c. à s. d'huile. Mélanger avec 1 c. à s. de Maïzena. Ajouter 3 c. à s. de moutarde + 3 pommes de terre, 2 panais et 2 navets coupés en morceaux + du sel et du poivre. Verser 25 cl d'eau et cuire 20 mn SP. Ajouter 25 cl de crème liquide et servir.

Faire revenir 5 mn en MD 4 cuisses de poulet dans 1 c. à s. d'huile. Ajouter 1 c. à s. de fond de volaille, 2 citrons coupés en rondelles, 1 branche de romarin, 20 cl d'eau, du sel et du poivre. Cuire 20 mn SP. Ajouter 20 cl de crème liquide et servir.

Faire revenir 5 mn en MD 300 g de boulettes de bœuf et 1 oignon émincé dans 1 c. à s. d'huile. Ajouter 2 carottes + 1 courgette + 1 navet coupés en cubes, 40 cl de tomates concassées, 1 branche de thym, 30 cl d'eau, du sel et du poivre. Cuire 9 mn SP.

Faire revenir 5 mn en MD 1 oignon émincé + 1 potimarron coupé en dés. Ajouter 4 dos de cabillaud surgelés + 30 cl d'eau + sel + poivre. Cuire 5 mn SP. Enlever le poisson. Ajouter 15 cl de crème liquide + 1 pincée de noix de muscade et mixer. Servir avec le poisson et la purée de potimarron.

Faire revenir 5 mn en MD 150 g de lardons fumés + 1 oignon émincé. Ajouter 500 g de penne + 60 cl d'eau + sel + poivre. Cuire 5 mn SP. Ajouter 200 g de crème fraîche + 50 g de parmesan. Mélanger et servir.

Faire revenir 10 mn en MD 600 g de bœuf en morceaux et saupoudrer d'1 c. à s. de farine + 2 oignons émincés + 2 gousses d'ail écrasées avec de l'huile. Ajouter 1 blanc de poireau en tronçons + 500 g de feuilles d'épinards + 40 g de concentré de tomates + 40 cl d'eau + sel + poivre. Cuire 35 mn SP.

Couper 2 carottes + 1 panais + 1 courge butternut + 2 courgettes en dés et les mettre dans la cuve du robot avec 75 cl d'eau, 1 c. à s. de curry en poudre, du sel et du poivre. Cuire 20 mn SP. Mixer avec 20 cl de crème de coco et 3 carrés de Vache qui rit.

# COURSES

Pour 4 personnes

### FILET MIGNON SAUCE MOUTARDE

1 filet mignon, 3 c. à s. de moutarde, 3 pommes de terre, 2 panais, 2 navets, 1 échalote, 25 cl de crème liquide, 1 c. à s. d'huile, 1 c. à s. de Maïzena, sel, poivre.

### CUISSES DE POULET AUX CITRONS

4 cuisses de poulet, 2 citrons, 1 branche de romarin, 20 cl de crème liquide, 1 c. à s. de fond de volaille, 1 c. à s. d'huile, sel, poivre.

### BOULETTES À LA SAUCE TOMATE

300 g de boulettes de bœuf, 40 cl de tomates concassées, 2 carottes, 1 courgette, 1 navet, 1 oignon, 1 branche de thym, 1 c. à s. d'huile, sel, poivre.

### DOS DE CABILLAUD ET POTIMARRON

4 dos de cabillaud surgelés, 1 potimarron, 1 oignon, 15 cl de crème liquide, 1 pincée de noix de muscade, sel, poivre.

### PENNE FAÇON CARBONARA

500 g de penne, 200 g de crème fraîche, 150 g de lardons fumés, 50 g de parmesan, 1 oignon, sel, poivre.

### MIJOTÉ DE BŒUF AUX ÉPINARDS

600 g de bœuf, 500 g de feuilles d'épinards, 1 blanc de poireau, 2 oignons, 2 gousses d'ail, 40 g de concentré de tomates, 1 c. à s. de farine, huile, sel, poivre.

### VELOUTÉ DU DIMANCHE SOIR

2 courgettes, 2 carottes, 1 courge butternut, 1 panais, 3 carrés de Vache qui rit, 20 cl de crème de coco, 1 c. à s. de curry en poudre, sel, poivre.


49

## Et aussi

# JANVIER

2020

Lundi **20**

**RÔTI DE PORC AU PORTO ET À LA CLÉMENTINE**

10 mn
45 mn

Mardi **21**

**PAUPIETTES DE VEAU À LA FORESTIÈRE**

10 mn
30 mn

Mercredi **22**

**GNOCCHIS AU CHÈVRE FRAIS ET AUX LARDONS**

5 mn
10 mn

Jeudi **23**

**QUINOA AUX CREVETTES ET SAUCE AU CURRY**

5 mn
10 mn

Vendredi **24**

**COURGETTES FARCIES**

15 mn
15 mn

Samedi **25**

**NOUILLES CHINOISES AU BŒUF**

10 mn
5 mn

Dimanche **26**

**POULET ET PETITS LÉGUMES**

15 mn
15 mn

## RECETTES
Pour 4 personnes

## COURSES
Pour 4 personnes

### RÔTI DE PORC AU PORTO ET À LA CLÉMENTINE

Faire revenir 5 mn en MD 1 kg de rôti de porc + 1 oignon émincé avec 2 c. à s. d'huile. Mélanger avec 1 c. à s. de Maïzena. Ajouter 3 carottes en rondelles + 20 cl de porto + 20 cl de jus de clémentine + sel + poivre. Cuire 40 mn SP. Ajouter 4 clémentines en quartiers et servir.

1 kg de rôti de porc, 20 cl de porto, 20 cl de jus de clémentine, 4 clémentines, 3 carottes, 1 oignon, 1 c. à s. de Maïzena, 2 c. à s. d'huile, sel, poivre.

### PAUPIETTES DE VEAU À LA FORESTIÈRE

Faire revenir 6 mn en MD 4 paupiettes de veau + 1 oignon émincé dans 1 c. à s. d'huile. Ajouter 300 g de champignons de Paris en lamelles + 3 carottes coupées en rondelles + sel + poivre + 20 cl d'eau. Cuire 20 mn SP. Ajouter 20 cl de crème épaisse et servir.

4 paupiettes de veau, 300 g de champignons de Paris, 3 carottes, 1 oignon, 20 cl de crème épaisse, 1 c. à s. d'huile, sel, poivre.

### GNOCCHIS AU CHÈVRE FRAIS ET AUX LARDONS

Faire revenir 150 g de lardons fumés 5 mn en MD. Ajouter 800 g de gnocchis, 200 g de chèvre frais, 30 cl d'eau, du sel et du poivre. Cuire 5 mn SP. Ajouter 20 cl de crème épaisse et servir

800 g de gnocchis, 200 g de chèvre frais, 150 g de lardons fumés, 20 cl de crème épaisse, sel, poivre.

### QUINOA AUX CREVETTES ET SAUCE AU CURRY

Dans la cuve, mettre 250 g de quinoa + 300 g de crevettes crues décortiquées surgelées + 40 cl de fond de veau + 2 courgettes et 1 carotte coupées en rondelles + 1 c. à c. de curry + sel + poivre. Cuire 8 mn SP.

250 g de quinoa, 300 g de crevettes crues décortiquées surgelées, 2 courgettes, 1 carotte, 40 cl de fond de veau, 1 c. à c. de curry, sel, poivre.

### COURGETTES FARCIES

Couper et vider 4 courgettes rondes. Mélanger la chair avec 350 g de bœuf haché + 150 g de chair à saucisse + 1 oignon émincé + du persil ciselé + 1 c. à c. de cumin + sel + poivre. Mettre 1 c. à c. de riz rond et répartir la farce dans chaque courgette. Mettre 20 cl d'eau dans la cuve et cuire dans le panier vapeur 12 mn SP.

4 courgettes rondes, 350 g de bœuf haché, 150 g de chair à saucisse, 4 c. à c. de riz rond, 1 oignon, du persil, 1 c. à c. de cumin, sel, poivre.

### NOUILLES CHINOISES AU BŒUF

Faire revenir 3 mn en MD 400 g de bœuf haché + 1 oignon émincé avec 1 c. à s. d'huile. Ajouter 2 carottes en rondelles + 1 navet et 1 poireau émincés + 2 c. à s. de sauce soja sucrée + 300 g de nouilles chinoises + 40 cl d'eau. Cuire 5 mn SP.

300 g de nouilles chinoises, 400 g de bœuf haché, 2 carottes, 1 poireau, 1 navet, 1 oignon, 2 c. à s. de sauce soja sucrée, 1 c. à s. d'huile.

### POULET ET PETITS LÉGUMES

Faire revenir 5 mn en MD 4 escalopes de poulet coupées en cubes + 1 oignon émincé avec 1 c. à s. d'huile. Ajouter 5 pommes de terre, 2 carottes et 1 courgette épluchées et coupées en morceaux + 1 bouillon cube de légumes + sel + poivre + du persil ciselé + 40 cl d'eau. Cuire 10 mn SP.

4 escalopes de poulet, 5 pommes de terre, 2 carottes, 1 courgette, 1 oignon, persil, 1 bouillon cube de légumes, 1 c. à s. d'huile, sel, poivre.

# Et aussi

# JANV./FÉV.

2020

Lundi 27

**JARRET DE PORC ET HARICOTS BLANCS**

10 mn
45 mn
12 h

Mardi 28

**CUISSE DE DINDE À LA MOUTARDE ET AUX ÉPINARDS**

5 mn
25 mn

Mercredi 29

**COQUILLETTES AU BOURSIN ET AU JAMBON**

5 mn
10 mn

Jeudi 30

**GRATIN DE CHOU-FLEUR AU SAUMON**

5 mn
20 mn

Vendredi 31

**CHOU FARCI**

15 mn
15 mn

Samedi 1

**CURRY DE POULET**

10 mn
20 mn

Dimanche 2

**SOUPE AU POTIRON**

20 mn
10 mn


52

# RECETTES

Pour 4 personnes

Faire tremper dans de l'eau pendant 12 h 250 g de haricots blancs crus. Cuire 15 mn SP 1,3 kg de jarret de porc recouvert d'eau. Faire revenir 5 mn en MD 1 oignon émincé + 2 carottes en rondelles dans 1 c. à s. d'huile. Ajouter les haricots blancs égouttés, 80 cl d'eau, du poivre, 1 bouquet garni et la viande. Cuire 25 mn SP.

Faire revenir 5 mn en MD 1 cuisse de dinde et 1 oignon émincé dans 1 c. à s. d'huile. Ajouter 200 g d'épinards frais, 40 cl de bouillon de volaille, 2 c. à s. de moutarde forte et 150 g de riz. Saler et cuire 20 mn SP.

Dans la cuve, mettre 400 g de coquillettes, 240 g de Boursin cuisine ail et fines herbes, 50 cl d'eau, 1 c. à s. d'huile d'olive, du sel et du poivre. Cuire 6 mn SP. Ajouter 200 g de dés de jambon blanc et servir.

Verser 20 cl d'eau dans la cuve. Déposer 1 kg de fleurettes de chou-fleur + 3 pavés de saumon sans peau dans le panier vapeur. Cuire 6 mn SP. Dans un plat, mélanger le chou-fleur + le saumon avec 20 cl de crème liquide, du sel, du poivre et de la noix de muscade. Recouvrir de 200 g de gruyère râpé et enfourner 10 mn à 210 °C.

Laver 4 grandes feuilles d'1 chou vert. Les cuire 3 mn SP avec 1 l d'eau. Mélanger 350 g de viande hachée + 80 g de pain de mie trempé dans 20 cl de lait + 2 œufs + 1 c. à c. de cumin + 1 échalote émincée + persil + sel + poivre. Déposer 1 tranche de poitrine fumée sur chaque feuille de chou, répartir la farce et les enrouler. Verser 15 cl d'eau dans la cuve et cuire 10 mn SP.

Faire revenir 5 mn en MD 4 hauts de cuisses de poulet + 4 pilons de poulet + 1 oignon émincé dans 1 c. à s. d'huile. Ajouter 5 pommes de terre + 2 carottes coupées en cubes, 2 c. à s. de pâte de curry et du sel. Cuire 14 mn SP.

Dans la cuve, déposer 1,2 kg de potiron + 2 pommes de terre coupés en cubes, 1 carotte coupée en rondelles, 1 c. à c. de cumin, 1 l d'eau et du sel. Cuire 10 mn SP et mixer avec 4 carrés de Kiri.



# COURSES

Pour 4 personnes

### JARRET DE PORC ET HARICOTS BLANCS

1,3 kg de jarret de porc, 250 g de haricots blancs crus, 2 carottes, 1 oignon, 1 bouquet garni, 1 c. à s. d'huile, poivre.

### CUISSE DE DINDE À LA MOUTARDE ET AUX ÉPINARDS

1 cuisse de dinde, 2 c. à s. de moutarde forte, 200 g d'épinards frais, 1 oignon, 150 g de riz, 40 cl de bouillon de volaille, 1 c. à s. d'huile, sel.

### COQUILLETTES AU BOURSIN ET AU JAMBON

400 g de coquillettes, 240 g de Boursin cuisine ail et fines herbes, 200 g de dés de jambon blanc, 1 c. à s. d'huile d'olive, sel, poivre.

### GRATIN DE CHOU-FLEUR AU SAUMON

1 kg de fleurettes de chou-fleur, 3 pavés de saumon sans peau, 200 g de gruyère râpé, 20 cl de crème liquide, noix de muscade, sel, poivre.

### CHOU FARCI

1 chou vert, 350 g de viande hachée, 4 tranches de poitrine fumée, 80 g de pain de mie, 20 cl de lait, 2 œufs, 1 échalote, 1 c. à c. de cumin, persil, sel, poivre.

### CURRY DE POULET

4 hauts de cuisses de poulet, 4 pilons de poulet, 2 c. à s. de pâte de curry, 5 pommes de terre, 2 carottes, 1 oignon, 1 c. à s. d'huile, sel.

### SOUPE AU POTIRON

1,2 kg de potiron, 2 pommes de terre, 1 carotte, 4 carrés de Kiri, 1 c. à c. de cumin, sel.

# Et aussi

# FÉVRIER

2020

Lundi 3

**CÔTES DE PORC À LA SAUCE TOMATE**

10 mn
25 mn

Mardi 4

**CHAMPIGNONS FARCIS AU CHÈVRE ET AUX LARDONS**

10 mn
15 mn

Mercredi 5

**PÂTES AUX CAROTTES ET AUX PANAIS**

10 mn
15 mn

Jeudi 6

**PAVÉS DE COLIN ET RIZ TANDOORI**

5 mn
15 mn

Vendredi 7

**POT-AU-FEU**

10 mn
45 mn

Samedi 8

**POULET AU POTIMARRON**

20 mn
15 mn

Dimanche 9

**FLANS AUX COURGETTES ET AU PARMESAN**

10 mn
10 mn



54

# RECETTES

Pour 4 personnes

# COURSES

Pour 4 personnes

### CÔTES DE PORC À LA SAUCE TOMATE

Faire revenir 5 mn en MD 4 côtes de porc + 1 oignon émincé dans 1 c. à s. d'huile. Ajouter 25 cl de vin blanc et cuire 3 mn en MD. Ajouter 3 carottes + 1 navet coupés en morceaux, 1 c. à c. de piment d'Espelette, 400 g de tomates pelées, du sel et du poivre. Cuire 15 mn SP.

4 côtes de porc, 400 g de tomates pelées, 3 carottes, 1 navet, 1 oignon, 25 cl de vin blanc, 1 c. à s. d'huile, 1 c. à c. de piment d'Espelette, sel, poivre.

### CHAMPIGNONS FARCIS AU CHÈVRE ET AUX LARDONS

Peler et enlever les pieds de 4 champignons à farcir. Faire revenir 5 mn en MD 75 g de lardons fumés. Mélanger avec 100 g de chèvre frais, 20 g de crème épaisse, du sel et du poivre. Farcir les champignons. Mettre 200 ml d'eau dans la cuve et placer le panier vapeur avec les champignons. Cuire 6 mn SP.

4 champignons à farcir 100 g de chèvre frais, 20 g de crème épaisse, 75 g de lardons fumés, sel, poivre.

### PÂTES AUX CAROTTES ET AUX PANAIS

Faire revenir 5 mn en MD 2 carottes et 2 panais coupés en rondelles + 150 g de pancetta + 2 gousses d'ail émincées avec 20 g de beurre. Ajouter 500 g de pâtes + 50 cl d'eau + sel + poivre + 1 branche de romarin. Cuire 6 mn SP. Mélanger avec 50 g de parmesan et servir.

500 g de pâtes, 2 carottes, 2 panais, 2 gousses d'ail, 150 g de pancetta, 50 g de parmesan, 1 branche de romarin, 20 g de beurre, sel, poivre.

### PAVÉS DE COLIN ET RIZ TANDOORI

Faire revenir 3 mn en MD 1 oignon émincé avec 1 c. à s. d'huile. Ajouter 200 g de riz + 3 blancs de poireaux en rondelles + 250 g de tomates pelées + 100 g de pois chiches en conserve + 1 c. à s. d'épices tandoori + 40 cl d'eau + sel + poivre. Déposer 4 pavés de colin surgelés sur le dessus et cuire 6 mn SP.

4 pavés de colin surgelés, 200 g de riz, 1 c. à s. d'épices tandoori, 250 g de tomates pelées, 100 g de pois chiches en conserve, 3 blancs de poireaux, 1 oignon, 1 c. à s. d'huile, sel, poivre.

### POT-AU-FEU

Faire revenir 10 mn en MD 700 g de viande à pot-au-feu + 2 oignons émincés dans 2 c. à s. d'huile. Ajouter 1 os à moelle, 4 poireaux + 4 carottes + 1 branche de céleri détaillés en morceaux 1 bouquet garni, 40 cl de bouillon de bœuf, du sel et du poivre. Cuire 35 mn SP.

700 g de viande à pot-au-feu, 1 os à moelle, 4 poireaux, 4 carottes, 1 branche de céleri, 2 oignons, 1 bouquet garni, 40 cl de bouillon de bœuf, 2 c. à s. d'huile, sel, poivre.

### POULET AU POTIMARRON

Faire revenir 5 mn en MD 4 escalopes de poulet coupées en cubes + 1 oignon émincé dans 1 c. à s. d'huile. Ajouter 3 carottes, 2 tomates et 1 potimarron coupés en morceaux + 1 c. à c. de concentré de tomate, 1 c. à c. de piment d'Espelette, du sel et du poivre. Cuire 8 mn SP.

4 escalopes de poulet 1 potimarron, 3 carottes, 2 tomates, 1 oignon, 1 c. à c. de concentré de tomate, 1 c. à c. de piment d'Espelette, 1 c. à s. d'huile, sel, poivre.

### FLANS AUX COURGETTES ET AU PARMESAN

Mélanger 100 g de courgettes en dés + 75 g de dés de jambon + 1 jaune d'œuf + 50 g de crème épaisse + 5 cl de lait + 10 g de farine + 20 g de parmesan + sel + poivre. Répartir la préparation dans 4 ramequins. Verser 20 cl d'eau dans la cuve et placer le panier vapeur. Cuire 11 mn SP.

100 g de courgettes, 20 g de parmesan, 50 g de crème épaisse, 75 g de dés de jambon, 10 g de farine, 1 jaune d'œuf, 5 cl de lait, sel, poivre.



55

## Et aussi

# FÉVRIER

2020

Lundi 10

**RAGOÛT DE VEAU**

10 mn
25 mn

Mardi 11

**FILET MIGNON AU CAMEMBERT**

15 mn
20 mn

Mercredi 12

**SPAGHETTIS BOLOGNAISE**

5 mn
15 mn

Jeudi 13

**PAVÉS DE SAUMON AUX POIREAUX**

5 mn
10 mn

Vendredi 14

**CAILLES AU FOIE GRAS**

10 mn
15 mn

Samedi 15

**PAELLA**

15 mn
20 mn

Dimanche 16

**VELOUTÉ DE CHOU-FLEUR**

15 mn
15 mn



56

# RECETTES

Pour 4 personnes

Faire revenir 5 mn en MD 300 g de veau coupé en cubes + 1 oignon émincé avec 2 c. à s. d'huile. Mélanger avec 2 c. à s. de farine. Ajouter 3 carottes et 4 pommes de terre coupées en morceaux + 1 bouquet garni + sel + poivre. Cuire 20 mn SP et servir avec du persil ciselé.

Faire revenir 5 mn en MD 1 filet mignon de porc en tranches épaisses + 1 oignon émincé avec 1 c. à s. d'huile. Ajouter 1 courge butternut et 2 panais coupés en morceaux + 2 gousses d'ail + 30 ml d'eau + sel + poivre. Déposer 1 camembert sans croûte coupé en lamelles. Cuire 15 mn SP.

Faire revenir 5 mn en MD 300 g de viande hachée + 1 oignon émincé avec 1 c. à s. d'huile. Ajouter 250 g de spaghettis cassés en 2 + 2 carottes en dés + 25 cl de purée de tomates + 45 cl de bouillon de bœuf + 10 feuilles de basilic + 1 c. à s. d'origan + sel + poivre. Cuire 10 mn SP.

Cuire 5 mn SP 4 poireaux coupés en tronçons + 20 cl de fond de poisson + 15 cl de vin blanc + 25 cl de crème liquide. Ajouter 4 pavés de saumon recouverts d'1 c. à c. de curry + sel + poivre. Cuire 5 mn SP.

Farcir 4 cailles de 120 g de bloc de foie gras, saler et poivrer. Mettre 200 g de pruneaux dans 15 cl de vin blanc. Faire revenir 5 mn en MD 1 oignon émincé + les cailles farcies avec 1 c. à s. d'huile. Ajouter les pruneaux au vin blanc + 1 bouquet garni + 1 citron coupé en rondelles. Cuire 10 mn SP.

Faire revenir 5 mn en MD 4 pilons de poulet + 1 oignon émincé avec 2 c. à s. d'huile. Ajouter 2 tomates et 2 poivrons coupés en morceaux + 50 g de petits pois + 50 g de moules decortiquées + 8 gambas + 1 chorizo en rondelles + 4 doses de safran + 300 g de riz + 60 cl d'eau + sel + poivre. Cuire 15 mn SP.

Cuire 15 mn SP 1 chou-fleur détaillé en fleurettes + 2 courgettes en morceaux + 75 cl de bouillon de légumes + 1 bouquet de persil ciselé + sel + poivre. Mixer avec 1 c. à c. de cumin + 40 g de crème épaisse.



# COURSES

Pour 4 personnes

**RAGOÛT DE VEAU**
300 g de veau, 4 pommes de terre, 3 carottes, 1 oignon, 1 bouquet garni, 2 c. à s. de farine, persil, 2 c. à s. d'huile, sel, poivre.

**FILET MIGNON AU CAMEMBERT**
1 filet mignon de porc, 1 camembert, 1 courge butternut, 2 panais, 1 oignon, 2 gousses d'ail, 1 c. à s. d'huile, sel, poivre.

**SPAGHETTIS BOLOGNAISE**
250 g de spaghettis, 300 g de viande hachée, 45 cl de bouillon de bœuf, 25 cl de purée de tomates, 2 carottes, 1 oignon, 10 feuilles de basilic, 1 c. à s. d'origan, 1 c. à s. d'huile, sel, poivre.

**PAVÉS DE SAUMON AUX POIREAUX**
4 pavés de saumon, 4 poireaux, 25 cl de crème liquide, 20 cl de fond de poisson, 15 cl de vin blanc, 1 c. à c. de curry, sel, poivre.

**CAILLES AU FOIE GRAS**
4 cailles, 120 g de bloc de foie gras, 200 g de pruneaux, 1 oignon, 1 citron, 1 bouquet garni, 15 cl de vin blanc, 1 c. à s. d'huile, sel, poivre.

**PAELLA**
300 g de riz, 4 pilons de poulet, 50 g de petits pois, 2 poivrons, 2 tomates, 1 oignon, 50 g de moules décortiquées, 8 gambas, 1 chorizo, 4 doses de safran, 2 c. à s. d'huile, sel, poivre.

**VELOUTÉ DE CHOU-FLEUR**
1 chou-fleur, 2 courgettes, 1 bouquet de persil, 75 cl de bouillon de légumes, 40 g de crème épaisse, 1 c. à c. de cumin, sel, poivre

## Et aussi

# FÉVRIER

2020

Lundi
17
OSSO BUCO DE VEAU À LA BIÈRE
10 mn
20 mn

Mardi
18
POULET À LA CANCOILLOTTE
10 mn
10 mn

Mercredi
19
RISOTTO ÉPINARDS ET CHÈVRE FRAIS
5 mn
35 mn

Jeudi
20
MOULES À LA CRÈME ET AU CURRY
10 mn
5 mn

Vendredi
21
HARICOTS BLANCS AUX LARDONS
10 mn
35 mn
12 h

Samedi
22
TAJINE DE POULET AUX OLIVES
10 mn
25 mn

Dimanche
23
TORTILLA DE POMMES DE TERRE
10 mn
25 mn


58

# RECETTES

Pour 4 personnes

Faire revenir 5 mn en MD 4 morceaux d'osso buco de veau + 1 oignon émincé avec 1 c. à s. d'huile. Ajouter 4 carottes, 4 pommes de terre et 1 navet coupés en morceaux + 33 cl de bière brune + 20 cl d'eau + 2 brins de thym + 4 feuilles de laurier + sel + poivre. Cuire 15 mn SP.

Faire revenir 5 mn en MD 500 g d'escalopes de poulet coupées en morceaux + 1 oignon émincé avec 1 c. à s. d'huile. Ajouter 250 g de cancoillotte + 2 carottes et 4 pommes de terre coupées en cubes + 20 cl d'eau + sel + poivre. Cuire 5 mn SP.

Faire revenir 5 mn en MD 500 g d'épinards frais + 1 gousse d'ail hachée + 1 échalote émincée avec 2 c. à s. d'huile. Ajouter 300 g de riz à risotto et cuire 2 mn en MD. Ajouter 70 cl de bouillon de légumes + 150 g de chèvre frais + sel + poivre. Cuire 25 mn SP et saupoudrer de 80 g de parmesan.

Faire revenir 2 mn en MD 2 oignons + 1 échalote émincés avec 1 c. à s. d'huile. Ajouter 1,5 kg de moules nettoyées + 25 cl de vin blanc + sel + poivre. Cuire 3 mn SP. Mélanger avec 200 g de crème épaisse et 2 c. à s. de curry.

Laisser tremper dans de l'eau 300 g de haricots blancs crus pendant 12 h. Faire revenir 3 mn en MD 150 g de lardons fumés + 1 oignon et 1 échalote émincés. Ajouter 3 carottes en rondelles + les haricots blancs égouttés + du persil ciselé + 25 cl d'eau + sel + poivre. Cuire 30 mn SP.

Faire revenir 5 mn en MD 4 cuisses de poulet + 2 oignons émincés avec 2 c. à s. d'huile. Ajouter 2 tomates en dés + 1 c. à c. de paprika + 1 c. à c. de cumin + ½ c. à c. de gingembre + 100 g de pois chiches + 1 citron en rondelles + 100 g d'olives + 3 c. à s. de miel + 35 cl d'eau + sel. Cuire 20 mn SP.

Faire revenir 5 mn en MD 3 pommes de terre et 1 courgette coupées en dés + 1 oignon émincé avec 1 c. à s. d'huile. Mélanger les légumes avec 5 cl de crème liquide + 6 œufs + 125 g de gruyère râpé + 1 c. à c. de paprika + du persil ciselé + sel. Verser dans un moule et cuire dans le panier vapeur 20 mn SP avec 20 cl d'eau dans la cuve.



# COURSES

Pour 4 personnes

**OSSO BUCO DE VEAU À LA BIÈRE**

4 morceaux d'osso buco de veau, 33 cl de bière brune, 4 carottes, 4 pommes de terre, 1 navet, 1 oignon, 4 feuilles de laurier, 2 brins de thym, 1 c. à s. d'huile, sel, poivre.

**POULET À LA CANCOILLOTTE**

500 g d'escalopes de poulet, 250 g de cancoillotte, 4 pommes de terre, 2 carottes, 1 oignon, 1 c. à s. d'huile, sel, poivre.

**RISOTTO ÉPINARDS ET CHÈVRE FRAIS**

300 g de riz à risotto, 500 g d'épinards frais, 150 g de chèvre frais, 80 g de parmesan, 1 échalote, gousse d'ail, 70 cl de bouillon de légumes, 2 c. à s. d'huile, sel, poivre.

**MOULES À LA CRÈME ET AU CURRY**

1,5 kg de moules, 200 g de crème épaisse, 2 c. à s. de curry, 2 oignons, 1 échalote, 25 cl de vin blanc, 1 c. à s. d'huile, sel, poivre.

**HARICOTS BLANCS AUX LARDONS**

300 g de haricots blancs crus, 150 g de lardons fumés, 3 carottes, 1 oignon, 1 échalote, persil, sel, poivre.

**TAJINE DE POULET AUX OLIVES**

4 cuisses de poulet, 100 g d'olives, 100 g de pois chiches, 2 tomates, 2 oignons, 1 citron, 1 c. à c. de paprika, 1 c. à c. de cumin, ½ c. à c. de gingembre, 3 c. à s. de miel, 2 c. à s. d'huile, sel.

**TORTILLA DE POMMES DE TERRE**

6 œufs, 3 pommes de terre, 1 courgette, 1 oignon, 125 g de gruyère râpé, 5 cl de crème liquide, 1 c. à c. de paprika, persil, 1 c. à s. d'huile, sel.

# Et aussi

# FÉV./MARS

2020

Lundi **24**

CHOU AUX SAUCISSES DE MONTBÉLIARD

15 mn
30 mn

Mardi **25**

RIZ AUX CREVETTES ET AUX POIREAUX

10 mn
10 mn

Mercredi **26**

RISOTTO DE CROZETS AU BEAUFORT

10 mn
10 mn
5 mn

Jeudi **27**

BOULGOUR AUX LÉGUMES D'HIVER

15 mn
10 mn

Vendredi **28**

ESCALOPES DE POULET ET PURÉE DE POTIMARRON

15 mn
20 mn

Samedi **29**

TERRINE DE VIANDE AU POIVRE

10 mn
50 mn

Dimanche **1**

ROSBIF AUX POMMES DE TERRE

5 mn
15 mn


60

# RECETTES

Pour 4 personnes

# COURSES

Pour 4 personnes

### CHOU AUX SAUCISSES DE MONTBÉLIARD

Faire revenir 5 mn en MD 1 chou blanc détaillé en feuilles avec 25 g de beurre. Ajouter 150 g de lardons fumés et cuire 10 mn en MD. Ajouter 4 pommes de terre en morceaux + 2 saucisses de Montbéliard en rondelles + poivre + 50 cl d'eau. Cuire 15 mn SP.

1 chou blanc, 4 pommes de terre, 2 saucisses de Montbéliard, 150 g de lardons fumés, 25 g de beurre, poivre.

### RIZ AUX CREVETTES ET AUX POIREAUX

Faire revenir 2 mn en MD 1 échalote émincée + 3 blancs de poireaux en tronçons + 1 c. à s. de curry avec un peu d'huile. Ajouter 250 g de riz + 200 g de crevettes crues décortiquées surgelées + du persil ciselé + sel + poivre + 50 cl d'eau. Cuire 8 mn SP.

250 g de riz, 200 g de crevettes crues décortiquées surgelées, 3 blancs de poireaux, 1 échalote, 1 c. à s. de curry, persil, huile, sel, poivre

### RISOTTO DE CROZETS AU BEAUFORT

Faire revenir 5 mn en MD 1 oignon émincé avec 50 g de beurre. Ajouter 300 g de crozets + 75 cl de bouillon de volaille + sel + poivre. Cuire 5 mn SP. Ajouter 100 g de beaufort râpé + 150 g de jambon sec coupé en morceaux. Attendre 5 mn et servir.

300 g de crozets, 100 g de beaufort, 150 g de jambon sec, 1 oignon, 75 cl de bouillon de volaille, 50 g de beurre, sel, poivre.

### BOULGOUR AUX LÉGUMES D'HIVER

Dans la cuve, mettre 500 g de pâtisson et 1 rutabaga coupés en cubes + 300 g de boulgour + 5 tiges de blette + 20 marrons cuits + 1 c. à c. de cumin + 30 cl de bouillon de légumes + sel + poivre. Cuire 6 mn SP et servir avec du persil plat ciselé.

300 g de boulgour, 500 g de pâtisson, 20 marrons cuits, 5 tiges de blette, 1 rutabaga, persil plat, 30 cl de bouillon de légumes, 1 c. à c. de cumin, sel, poivre.

### ESCALOPES DE POULET ET PURÉE DE POTIMARRON

Faire revenir 5 mn en MD 4 escalopes de poulet avec 1 c. à s. d'huile. Placer dans le panier vapeur 600 g de potimarron coupé en dés et le poulet. Verser 20 cl d'eau dans la cuve et déposer le panier vapeur. Cuire 12 mn SP. Mixer le potimarron avec 2 carrés de Kiri + ½ c. à c. de curry + sel + poivre.

4 escalopes de poulet, 600 g de potimarron, 2 carrés de Kiri, ½ c. à c. de curry, 1 c. à s. d'huile, sel, poivre.

### TERRINE DE VIANDE AU POIVRE

Mélanger 500 g de chair à saucisse + 1 kg de viande hachée pur bœuf + 2 jaunes d'œufs + 4 tranches pain de mie sans croûte + 1 bouquet de persil ciselé + 1 c. à c. de poivre vert + sel. Verser la préparation dans une terrine et cuire 50 mn SP dans le panier vapeur avec 20 cl d'eau dans la cuve.

1 kg de viande hachée pur bœuf, 500 g de chair à saucisse, 1 c. à c. de poivre vert, 4 tranches de pain de mie sans croûte, 2 jaunes d'œufs, 1 bouquet de persil, sel.

### ROSBIF AUX POMMES DE TERRE

Faire revenir 5 mn en MD 1 kg de rosbif + 1 oignon émincé avec 1 c. à s. d'huile. Ajouter 5 pommes de terre en morceaux + 2 gousses d'ail non pelées + 2 brins de thym + 15 cl d'eau + sel + poivre. Cuire 6 mn SP.

1 kg de rosbif, 5 pommes de terre, 1 oignon, 2 gousses d'ail, 2 brins de thym, 1 c. à s. d'huile, sel, poivre.


61

## Et aussi

# MARS

2020

Lundi 2

**ROUELLE DE PORC AUX PETITS POIS**

10 mn
20 mn

Mardi 3

**PAUPIETTES DE DINDE AUX POMMES DE TERRE**

10 mn
20 mn

Mercredi 4

**TAGLIATELLES À LA CARBONARA**

5 mn
10 mn
5 mn

Jeudi 5

**LOTTE À LA CRÈME DE COCO**

5 mn
15 mn

Vendredi 6

**CHILI CON CARNE**

5 mn
15 mn

Samedi 7

**NOUILLES SAUTÉES AU BŒUF**

10 mn
10 mn

Dimanche 8

**BOUILLON DE VERMICELLES AUX LÉGUMES**

15 mn
15 mn


62

# RECETTES

Pour 4 personnes

# COURSES

Pour 4 personnes

### ROUELLE DE PORC AUX PETITS POIS

Faire revenir 5 mn en MD 500 g de rouelle de porc coupée en morceaux + 1 oignon émincé avec 1 c. à s. d'huile. Ajouter 200 g de petits pois surgelés + 3 carottes en rondelles + 25 cl d'eau + sel + poivre. Cuire 12 mn SP.

500 g de rouelle de porc, 200 g de petits pois surgelés, 3 carottes, 1 oignon, 1 c. à s. d'huile, sel, poivre.

### PAUPIETTES DE DINDE AUX POMMES DE TERRE

Faire revenir 5 mn en MD 4 paupiettes de dinde + 2 échalotes émincées avec 1 c. à s. d'huile. Ajouter 6 pommes de terre et 2 panais coupés en morceaux + 20 cl de vin blanc + 1 bouquet garni + 25 cl d'eau + sel + poivre. Cuire 15 mn SP.

4 paupiettes de dinde, 6 pommes de terre, 2 panais, 2 échalotes, 1 bouquet garni, 20 cl de vin blanc, 1 c. à s. d'huile, sel, poivre.

### TAGLIATELLES À LA CARBONARA

Faire revenir 5 mn en MD 300 g de lardons fumés + 1 oignon émincé. Ajouter 300 g de tagliatelles fraîches + sel + poivre. Couvrir d'eau et cuire 2 mn SP. Ajouter 20 cl de crème liquide + 1 jaune d'œuf + 90 g de gruyère râpé. Mélanger et attendre 5 mn avant de servir.

300 g de tagliatelles fraîches, 300 g de lardons fumés, 90 g de gruyère râpé, 20 cl de crème liquide, 1 jaune d'œuf, 1 oignon, sel, poivre.

### LOTTE À LA CRÈME DE COCO

Faire revenir 5 mn en MD 1 oignon émincé avec 1 c. à s. d'huile. Ajouter 300 g de riz + 1 c. à s. de curry + 1 kg de queues de lotte + 25 cl de crème de coco + 35 cl d'eau + sel + poivre. Cuire 6 mn SP.

1 kg de queues de lotte, 25 cl de crème de coco, 300 g de riz, 1 oignon, 1 c. à s. de curry, 1 c. à s. d'huile, sel, poivre.

### CHILI CON CARNE

Faire revenir 5 mn en MD 500 g de bœuf haché + 2 oignons émincés avec 50 g de beurre. Ajouter 60 g de concentré de tomates + 1 boîte de haricots rouges + 30 cl de bouillon de bœuf + 1 c. à s. d'épices à chili + 2 c. à c. de cumin + sel + poivre. Cuire 7 mn SP

500 g de bœuf haché, 1 boîte de haricots rouges, 60 g de concentré de tomates, 2 oignons, 30 cl de bouillon de bœuf, 2 c. à c. de cumin, 1 c. à c. d'épices à chili, 50 g de beurre, sel, poivre.

### NOUILLES SAUTÉES AU BŒUF

Faire revenir 5 mn en MD 1 oignon émincé + 3 biftecks coupés en lamelles avec 1 c. à s. d'huile. Ajouter 100 g de pousses de soja + 1 carotte coupée en bâtonnets + 10 cl de sauce soja sucrée + 200 g de nouilles chinoises + 20 cl d'eau. Cuire 3 mn SP.

200 g de nouilles chinoises, 3 biftecks, 100 g de pousses de soja, 1 carotte, 1 oignon, 10 cl de sauce soja sucrée, 1 c. à s. d'huile.

### BOUILLON DE VERMICELLES AUX LÉGUMES

Mettre dans la cuve 4 poireaux + 1 navet + 3 panais + 1 céleri + 1 oignon coupés en petits morceaux. Ajouter 2 c. à s. de concentré de tomates + 1 c. à c. de cumin + 1 c. à s. de curcuma + 1 c. à c. de paprika + 1 l d'eau + sel + poivre. Cuire 10 mn SP. Ajouter 150 g de vermicelles et cuire 2 mn SP.

150 g de vermicelles, 4 poireaux, 3 panais, 1 céleri, 1 navet, 1 oignon, 2 c. à s. de concentré de tomates, 1 c. à s. de curcuma, 1 c. à c. de cumin, 1 c. à c. de paprika, sel, poivre.

## Et aussi

# MARS

2020

Lundi
9
PILONS DE POULET AUX PRUNEAUX
10 mn
20 mn

Mardi
10
SAUTÉ DE PORC AU PAPRIKA
5 mn
45 mn

Mercredi
11
BOULETTES DE BŒUF À LA BIÈRE
10 mn
15 mn

Jeudi
12
CARI DE CREVETTES
10 mn
15 mn

Vendredi
13
JOUE DE BŒUF AU PAIN D'ÉPICES
15 mn
45 mn

Samedi
14
DAUBE À LA PROVENÇALE
10 mn
45 mn

Dimanche
15
ŒUFS COCOTTE AU SAUMON
10 mn
5 mn


64

# RECETTES

Pour 4 personnes

Faire revenir 5 mn en MD 8 pilons de poulet + 1 oignon émincé avec 1 c. à s. d'huile. Ajouter 12 pruneaux + 2 carottes et 2 panais en rondelles + 1 c. à c. de cannelle + 30 cl de bouillon de volaille + sel + poivre. Cuire 15 mn SP.

Faire revenir 10 mn en MD 1 kg de sauté de porc + 2 échalotes émincées avec 2 c. à s. d'huile. Mélanger avec 2 c. à s. de farine. Ajouter 25 cl de vin blanc + 2 c. à s. de paprika + 1 c. à s. de concentré de tomates + 10 cl de bouillon de légumes + sel + poivre. Cuire 25 mn SP. Ajouter 200 g de riz + 40 cl de bouillon de légumes et cuire 10 mn SP.

Faire revenir 5 mn en MD 150 g de lardons + 1 kg de boulettes de bœuf roulées dans 2 c. à c. de Maïzena + 1 oignon émincé. Ajouter 150 g d'épinards frais + 60 cl de bière brune + sel + poivre. Cuire 10 mn SP. Ajouter 20 cl de crème épaisse et servir.

Faire revenir 5 mn en MD 4 échalotes et 2 gousses d'ail émincées avec 1 c. à s. d'huile. Ajouter 1 c. à c. de gingembre + 3 tomates en dés + 1 c. à c. de curcuma + 1 pincée de piment de Cayenne + 200 g de riz + 40 cl de bouillon de légumes + sel. Cuire 6 mn SP. Ajouter 700 g de crevettes cuites décortiquées.

Faire revenir 10 mn en MD 1,2 kg de joue de bœuf en morceaux + 1 oignon émincé avec 1 c. à s. d'huile. Ajouter 6 carottes et 6 panais coupés en rondelles + 1 c. à s. de cassonade + 1 c. à c. de cannelle + 75 cl de bière brune + 1 bouquet garni + sel + poivre. Déposer 100 g de pain d'épices et cuire 35 mn SP.

Faire revenir 10 mn en MD 1,2 kg de gîte de bœuf + 3 gousses d'ail hachées + 1 oignon émincé avec 3 c. à s. d'huile. Ajouter 5 carottes et 4 pommes de terre coupées en morceaux + 1 branche de romarin + 75 cl de vin rouge + sel + poivre. Cuire 35 mn SP.

Dans 4 ramequins, répartir dans l'ordre 1 c. à c. de crème épaisse + 20 g de saumon fumé en dés + 1 œuf + 1 c. à c. de crème épaisse + sel + poivre + 1 c. à c. de Boursin. Verser 20 cl d'eau dans la cuve et cuire 3 mn dans le panier vapeur.



# COURSES

Pour 4 personnes

**PILONS DE POULET AUX PRUNEAUX**
8 pilons de poulet, 12 pruneaux, 2 carottes, 2 panais, 1 oignon, 30 cl de bouillon de volaille, 1 c. à s. d'huile, 1 c. à c. de cannelle, sel, poivre.

**SAUTÉ DE PORC AU PAPRIKA**
1 kg de sauté de porc, 200 g de riz, 2 échalotes, 2 c. à s. de paprika, 2 c. à s. de farine, 1 c. à s. de concentré de tomates, 50 cl de bouillon de légumes, 25 cl de vin blanc, 2 c. à s. d'huile, sel, poivre.

**BOULETTES DE BŒUF À LA BIÈRE**
1 kg de boulettes de bœuf, 60 cl de bière brune, 150 g de lardons, 150 g d'épinards frais, 1 oignon, 20 cl de crème épaisse, 2 c. à c. de Maïzena, sel, poivre.

**CARI DE CREVETTES**
700 g de crevettes cuites décortiquées, 200 g de riz, 3 tomates, 4 échalotes, 2 gousses d'ail, 1 c. à c. de gingembre, 1 c. à c. de curcuma, 1 pincée de piment de Cayenne, 40 cl de bouillon de légumes, 1 c. à s. d'huile, sel.

**JOUE DE BŒUF AU PAIN D'ÉPICES**
1,2 kg de joue de bœuf, 100 g de pain d'épices, 6 carottes, 6 panais, 1 oignon, 75 cl de bière brune, 1 c. à s. de cassonade, 1 c. à c. de cannelle, 1 bouquet garni, 1 c. à s. d'huile, sel, poivre.

**DAUBE À LA PROVENÇALE**
1,2 kg de gîte de bœuf, 5 carottes, 4 pommes de terre, 3 gousses d'ail, 1 oignon, 1 branche de romarin, 75 cl de vin rouge, 3 c. à s. d'huile, sel, poivre.

**ŒUFS COCOTTE AU SAUMON**
4 œufs, 80 g de saumon fumé, 8 c. à c. de crème épaisse, 4 c. à c. de Boursin, sel, poivre.

## Et aussi

# MARS

2020

Lundi
16

**POULET COCO-AMANDES**

15 mn
15 mn

Mardi
17

**JARRETS DE PORC À LA BIÈRE**

10 mn
1 h
10 mn

Mercredi
18

**RISOTTO À LA DINDE ET AU CHÈVRE**

15 mn
20 mn

Jeudi
19

**ENCORNETS À LA PROVENÇALE**

15 mn
10 mn

Vendredi
20

**ENDIVES AU JAMBON**

10 mn
15 mn

Samedi
21

**FAJITAS DE BŒUF**

15 mn
10 mn

Dimanche
22

**PAIN DE SURIMIS AUX ASPERGES**

10 mn
50 mn



66

# RECETTES

Pour 4 personnes

Faire revenir 10 mn en MD 4 filets de poulet coupés en morceaux + 1 oignon émincé + 125 g d'amandes émondées avec 1 c. à s. d'huile. Ajouter 3 carottes et 3 panais en rondelles + 20 cl de lait de coco + 20 cl de fond de volaille + sel + poivre. Cuire 5 mn SP.

Cuire 15 mn SP 2 jarrets de porc recouverts d'eau. Vider l'eau. Faire revenir avec 2 oignons émincés + 2 c. à s. d'huile. Ajouter 3 carottes et 2 navets coupés en gros morceaux + 50 cl de bière + 1 bouquet garni + 25 cl d'eau + sel + poivre. Cuire 45 mn SP. Ajouter 400 g de chou blanc en boîte 10 mn en MC.

Faire revenir 5 mn en MD 600 g de blancs de dinde coupés en cubes + 2 échalotes émincées avec 1 c. à s. d'huile. Ajouter 400 g de riz à risotto et cuire 2 mn en MD. Ajouter 400 g de tomates pelées en dés + 120 g de chèvre frais + 80 cl de bouillon de légumes + 1 branche de thym + sel + poivre. Cuire 9 mn SP.

Faire revenir 5 mn en MD 2 oignons émincés + 3 carottes en rondelles + 2 poivrons en lamelles avec 1 c. à s. d'huile. Ajouter 500 g d'encornets en morceaux + 400 g de purée de tomates + 20 cl d'eau + 2 tomates en dés + 1 bouquet garni + 1 c. à c. de piment d'Espelette + sel + poivre. Cuire 3 mn SP.

Faire revenir 5 mn en MD 1 oignon émincé + 4 endives en morceaux avec 1 c. à s. d'huile. Mélanger avec 1 c. à s. de farine. Ajouter 4 pommes de terre coupées en cubes + 150 g de jambon blanc en morceaux + 20 cl de bouillon de volaille + du persil ciselé + sel + poivre. Cuire 10 mn SP. Ajouter 15 cl de crème liquide et servir.

Faire revenir 5 mn en MD 800 g de bœuf haché + 2 oignons émincés avec 1 c. à s. d'huile. Ajouter 3 poivrons et 400 g de tomates pelées en dés + 15 cl de bouillon de bœuf + 1 c. à c. de paprika et de curcuma + sel + poivre. Cuire 5 mn SP. Garnir 8 galettes de blé avec la préparation et servir.

Cuire 8 mn SP 16 asperges vertes pelées recouvertes d'eau. Fouetter 5 œufs avec 100 g de crème épaisse + du persil plat ciselé + 20 surimis émiettés + sel + poivre. Verser la préparation dans un moule et le placer dans le panier vapeur. Déposer les asperges sur le dessus. Verser 20 cl d'eau dans la cuve et cuire 40 mn SP.

# COURSES

Pour 4 personnes

### POULET COCO-AMANDES

4 filets de poulet, 20 cl de lait de coco, 125 g d'amandes émondées, 3 carottes, 3 panais, 1 oignon, 20 cl de fond de volaille, 1 c. à s. d'huile, sel, poivre.

### JARRETS DE PORC À LA BIÈRE

2 jarrets de porc, 50 cl de bière, 400 g de chou blanc en boîte, 3 carottes, 2 navets, 2 oignons, 1 bouquet garni, 2 c. à s. d'huile, sel, poivre.

### RISOTTO À LA DINDE ET AU CHÈVRE

400 g de riz à risotto, 600 g de blancs de dinde, 120 g de chèvre frais, 400 g de tomates pelées, 2 échalotes, 1 branche de thym, 80 cl de bouillon de légumes, 1 c. à s. d'huile, sel, poivre.

### ENCORNETS À LA PROVENÇALE

500 g d'encornets, 400 g de purée de tomates, 3 carottes, 2 poivrons, 2 tomates, 2 oignons, 1 bouquet garni, 1 c. à c. de piment d'Espelette, 1 c. à s. d'huile, sel, poivre.

### ENDIVES AU JAMBON

4 endives, 150 g de jambon blanc, 4 pommes de terre, 1 oignon, 20 cl de bouillon de volaille, 15 cl de crème liquide, 1 c. à s. de farine, persil, 1 c. à s. d'huile, sel, poivre.

### FAJITAS DE BŒUF

8 galettes de blé, 800 g de bœuf haché, 400 g de tomates pelées, 3 poivrons, 2 oignons, 15 cl de bouillon de bœuf, 1 c. à c. de paprika et de curcuma, 1 c. à s. d'huile, sel, poivre.

### PAIN DE SURIMIS AUX ASPERGES

20 surimis, 16 asperges vertes, 100 g de crème épaisse, 5 œufs, persil plat, sel, poivre.


67

# Et aussi

# MARS

2020

Lundi
23

ESCALOPES DE VEAU AU COMTÉ

5 mn
25 mn

Mardi
24

RÔTI DE DINDE AUX ÉPICES

15 mn
25 mn

Mercredi
25

COQUILLETTES AU CHOU-FLEUR

10 mn
15 mn

Jeudi
26

CABILLAUD AUX PETITS LÉGUMES

10 mn
10 mn

Vendredi
27

POMMES DE TERRE AU REBLOCHON

10 mn
15 mn

Samedi
28

POULET YASSA

15 mn
30 mn
15 mn

Dimanche
29

SOT-L'Y-LAISSE DE DINDE

10 mn
20 mn



68

# RECETTES

Pour 4 personnes

Faire revenir 5 mn en MD 4 escalopes de veau avec 50 g de beurre. Saler, poivrer et les envelopper dans 4 tranches de jambon cru. Les remettre dans la cuve et ajouter 25 cl de vin blanc. Cuire 15 mn SP. Retirer la viande et ajouter 300 g de comté râpé + 4 c. à s. de crème épaisse. Remuer 3 mn et servir.

Faire revenir 10 mn en MD 1 rôti de dinde piqué de 2 gousses d'ail + 1 oignon émincé avec 2 c. à s. d'huile. Mélanger avec 1 c. à s. de Maïzena. Ajouter 60 cl de fond de volaille + 2 c. à s. de mélange 4-épices + 3 carottes, 1 poireau et 3 pommes de terre coupés en cubes + sel + poivre. Cuire 12 mn SP.

Faire revenir 10 mn en MD 200 g d'escalopes de poulet en morceaux + 200 g de chou-fleur en fleurettes + 2 échalotes émincées avec 2 c. à s. d'huile. Ajouter 250 g de coquillettes + 35 cl de bouillon de volaille + sel + poivre. Cuire 5 mn SP. Mélanger avec 100 g de gruyère râpé + 200 g de crème épaisse.

Couper en dés 1 carotte + 1 panais + 1 poireau + 1 navet + 2 gousses d'ail. Disposer 4 dos de cabillaud sur 4 feuilles de papier sulfurisé. Répartir dessus un peu de légumes + les zestes et jus de 2 citrons + sel + poivre. Verser 20 cl d'eau dans la cuve et cuire dans le panier vapeur 8 mn SP.

Faire revenir 5 mn en MD 2 oignons émincés + 150 g de lardons fumés. Ajouter 8 pommes de terre coupées en morceaux + 25 cl d'eau. Disposer sur le dessus 1 reblochon coupé en tranches et cuire 8 mn SP.

Faire mariner 15 mn 4 cuisses de poulet dans 2 c. à s. de moutarde + le jus de 2 citrons + 2 gousses d'ail hachées + 1 Kub Or émietté. Faire revenir 10 mn en MD 8 oignons émincés avec 1 c. à s. d'huile. Ajouter le poulet et la marinade + 2 carottes en rondelles + 50 cl d'eau + sel + poivre. Cuire 20 mn SP et servir avec 250 g de riz.

Faire revenir 10 mn en MD 1 oignon émincé + 6 sot-l'y-laisse de dinde avec 1 c. à s. d'huile. Mélanger avec 2 c. à s. de Maïzena. Ajouter 4 pommes de terre et 2 carottes en morceaux + 150 g de chou-fleur en fleurettes + 20 cl de vin blanc + 20 cl de bouillon de volaille + sel + poivre. Cuire 10 mn SP.



# COURSES

Pour 4 personnes

### ESCALOPES DE VEAU AU COMTÉ

4 escalopes de veau, 4 tranches de jambon cru, 300 g de comté râpé, 4 c. à s. de crème épaisse, 25 cl de vin blanc, 50 g de beurre, sel, poivre.

### RÔTI DE DINDE AUX ÉPICES

1 rôti de dinde, 2 c. à s. de mélange 4-épices, 3 pommes de terre, 3 carottes, 1 poireau, 1 oignon, 2 gousses d'ail, 60 cl de fond de volaille, 1 c. à s. de Maïzena, 2 c. à s. d'huile, sel, poivre.

### COQUILLETTES AU CHOU-FLEUR

250 g de coquillettes, 200 g de chou-fleur en fleurettes, 2 échalotes, 200 g d'escalopes de poulet, 200 g de crème épaisse, 100 g de gruyère râpé, 35 cl de bouillon de volaille, 2 c. à s. d'huile, sel, poivre.

### CABILLAUD AUX PETITS LÉGUMES

4 dos de cabillaud, 2 citrons, 1 carotte, 1 panais, 1 poireau, 1 navet, 2 gousses d'ail, sel, poivre.

### POMMES DE TERRE AU REBLOCHON

8 pommes de terre, 1 reblochon, 150 g de lardons fumés, 2 oignons

### POULET YASSA

4 cuisses de poulet, 250 g de riz, 8 oignons, 2 carottes, 2 citrons, 2 gousses d'ail, 2 c. à s. de moutarde, 1 Kub Or, 1 c. à s. d'huile, sel, poivre.

### SOT-L'Y-LAISSE DE DINDE

6 sot-l'y-laisse de dinde, 150 g de chou-fleur en fleurettes, 4 pommes de terre, 2 carottes, 1 oignon, 20 cl de vin blanc, 20 cl de bouillon de volaille, 1 c. à s. d'huile, 2 c. à s. de Maïzena, sel, poivre.

## Et aussi

# MARS/AVRIL 2020

**Lundi 30**

MIJOTÉ DE BŒUF AUX CAROTTES
10 mn
45 mn

**Mardi 31**

RÔTI DE PORC SAUCE BARBECUE
10 mn
40 mn

**Mercredi 1**

GNOCCHIS AUX 4 FROMAGES
10 mn
10 mn

**Jeudi 2**

NOUILLES CHINOISES AUX CREVETTES
15 mn
10 mn

**Vendredi 3**

PURÉE DE POMMES DE TERRE AU BŒUF
15 mn
25 mn

**Samedi 4**

MAFÉ DE POULET
10 mn
25 mn

**Dimanche 5**

POIS CHICHES AUX ÉPICES
10 mn
10 mn

# RECETTES

Pour 4 personnes

Faire revenir 5 mn en MD 600 g de bœuf en morceaux + 1 oignon émincé + 150 g de lardons. Mélanger avec 1 c. à s. de Maïzena. Ajouter 15 cl de vin blanc + 8 carottes en rondelles + 20 olives dénoyautées + 30 cl de bouillon de bœuf + sel + poivre. Cuire 40 mn SP.

Faire revenir 10 mn en MD 1 rôti de porc + 1 oignon émincé avec 1 c. à s. d'huile. Ajouter 8 c. à s. de sauce barbecue + 40 cl de fond de veau + sel + poivre. Cuire 20 mn SP. Ajouter 4 pommes de terre et 4 carottes coupées en morceaux. Cuire 10 mn SP.

Faire revenir 2 mn en MD 1 échalote émincée avec 1 c. à s. d'huile. Ajouter 800 g de gnocchis + 60 cl de fond de veau + 50 g de comté, 50 g de gorgonzola, 1 boule de mozzarella et 1 bûche de chèvre sans peau et coupés en morceaux + sel + poivre. Cuire 5 mn SP. Ajouter 200 g de crème épaisse et servir.

Faire revenir 5 mn en MD 1 oignon émincé + 300 g de crevettes crues avec 1 c. à s. d'huile. Ajouter 2 poivrons en dés + 1 chou blanc en lanières + 200 g de nouilles chinoises + 40 cl de bouillon de volaille + 3 c. à s. de sauce soja sucrée + sel + poivre. Cuire 4 mn SP.

Faire revenir 5 mn en MD 600 g de bœuf haché + 1 oignon et 2 gousses d'ail émincés avec 1 c. à s. d'huile. Ajouter 1 kg de pommes de terre et 2 carottes en dés + 30 cl de bouillon de bœuf + persil + sel + poivre. Cuire 20 mn SP. Mixer avec 25 cl de crème liquide et servir.

Faire revenir 6 mn en MD 800 g de hauts de cuisses de poulet et 2 oignons émincés avec 1 c. à s. d'huile. Ajouter 200 g de pâte d'arachide + 2 c. à s. de concentré de tomates + 2 carottes en cubes + 1 c. à c. de piment + 1 c. à c. de paprika + 1 l de bouillon de volaille + sel + poivre. Cuire 15 mn SP.

Faire revenir 3 mn en MD 1 échalote et 1 oignon émincés avec 1 c. à s. d'huile. Ajouter 2 tomates en dés et cuire 2 mn en MD. Ajouter 400 g de pois chiches en conserve et cuire 3 mn en MD. Ajouter 1 c. à c. de curcuma + 1 c. à c. de paprika + 1 c. à c. de cumin + de la coriandre fraîche ciselée + 25 cl d'eau + sel + poivre. Cuire 2 mn SP.

# COURSES

Pour 4 personnes

### MIJOTÉ DE BŒUF AUX CAROTTES

600 g de bœuf, 8 carottes, 1 oignon, 150 g de lardons, 20 olives dénoyautées, 30 cl de bouillon de bœuf, 15 cl de vin blanc, 1 c. à s. de Maïzena, sel, poivre.

### RÔTI DE PORC SAUCE BARBECUE

1 rôti de porc, 8 c. à s. de sauce barbecue, 4 pommes de terre, 4 carottes, 1 oignon, 40 cl de fond de veau, 1 c. à s. d'huile. sel, poivre.

### GNOCCHIS AUX 4 FROMAGES

800 g de gnocchis, 1 boule de mozzarella, 1 bûche de chèvre, 50 g de comté, 50 g de gorgonzola, 200 g de crème épaisse, 1 échalote, 60 cl de fond de veau, 1 c. à s. d'huile, sel, poivre.

### NOUILLES CHINOISES AUX CREVETTES

200 g de nouilles chinoises, 300 g de crevettes crues, 1 chou blanc, 2 poivrons, 1 oignon, 40 cl de bouillon de volaille, 3 c. à s. de sauce soja sucrée, 1 c. à s. d'huile, sel, poivre.

### PURÉE DE POMMES DE TERRE AU BŒUF

1 kg de pommes de terre, 2 carottes, 1 oignon, 2 gousses d'ail, 600 g de bœuf haché, 30 cl de bouillon de bœuf, 25 cl de crème liquide, persil, 1 c. à s. d'huile, sel, poivre.

### MAFÉ DE POULET

800 g de hauts de cuisses de poulet, 200 g de pâte d'arachide, 2 carottes, 2 oignons, 2 c. à s. de concentré de tomates, 1 l de bouillon de volaille, 1 c. à c. de piment, 1 c. à c. de paprika, 1 c. à s. d'huile, sel, poivre.

### POIS CHICHES AUX ÉPICES

400 g de pois chiches en conserve, 1 c. à c. de curcuma, 1 c. à c. de paprika, 1 c. à c. de cumin, 2 tomates, 1 oignon, 1 échalote, coriandre fraîche, 1 c. à s. d'huile, sel, poivre.


71

## Et aussi

# AVRIL

2020

**Lundi 6**

**RÔTI DE VEAU AUX CHAMPIGNONS**

10 mn
35 mn

**Mardi 7**

**AIGUILLETTES DE POULET AU PAPRIKA**

5 mn
10 mn

**Mercredi 8**

**RAVIOLIS ET SAUCE CRÉMEUSE AU CURRY**

5 mn
5 mn

**Jeudi 9**

**RIZ AUX CAROTTES**

10 mn
15 mn

**Vendredi 10**

**DAURADES VAPEUR AUX CITRONS**

10 mn
5 mn

**Samedi 11**

**POMMES DE TERRE AUX LARDONS**

15 mn
15 mn

**Dimanche 12**

**VELOUTÉ DE LENTILLES CORAIL**

5 mn
20 mn

Pâques



72

# RECETTES

Pour 4 personnes

Faire revenir 10 mn en MD 1,2 kg de rôti de veau + 1 oignon et 1 échalote émincés avec 50 g de beurre. Ajouter 20 cl de vin blanc et cuire 2 mn en MD. Ajouter 200 g de champignons de Paris en lamelles + 25 cl de fond de veau + du persil frais ciselé + sel + poivre. Cuire 20 mn SP.

Faire revenir 5 mn en MD 600 g d'aiguillettes de poulet + 1 oignon émincé avec 1 c. à s. d'huile. Mélanger avec 1 c. à s. de paprika + 1 c. à c. de curry. Ajouter 20 cl de bouillon de volaille + sel + poivre. Cuire 5 mn SP. Ajouter 20 cl de crème liquide et servir avec 250 g de riz.

Dans la cuve du robot, mettre 800 g de raviolis frais au bœuf + 150 g de chèvre frais + 1 c. à s. de curry + sel + poivre + 50 cl d'eau. Cuire 5 mn SP. Ajouter 100 g de crème épaisse + de la ciboulette fraîche ciselée et servir.

Faire revenir 3 mn en MD 1 échalote émincée avec 1 c. à c. d'huile. Mélanger avec 6 carottes en rondelles + 1 c. à s. de curry + 1 c. à c. de curcuma. Ajouter 150 g de riz + 35 cl de bouillon de volaille + sel + poivre. Cuire 10 mn SP. Ajouter 125 g de crème épaisse légère et servir.

Mettre 1 feuille de papier sulfurisé dans le fond du panier vapeur. Poser 2 daurades sans les têtes et inciser légèrement la surface. Ajouter 2 poireaux, 2 carottes et 1 navet en dés + les jus et zestes de 2 citrons + sel + poivre + de la coriandre fraîche ciselée. Verser 20 cl d'eau dans la cuve et cuire 5 mn SP.

Faire dorer 5 mn en MD 1 oignon émincé et 150 g de lardons fumés. Ajouter 1 kg de pommes de terre en rondelles + 1 pincée de noix de muscade + sel + poivre et recouvrir les pommes de terre de ¾ de litre de lait. Cuire 10 mn SP.

Faire revenir 3 mn en MD 1 échalote et 1 oignon émincés avec 1 c. à s. d'huile. Ajouter 130 g de lentilles corail + 1 branche de céleri coupée et faire revenir 3 mn en MD. Ajouter 1 c. à c. de curry + 1 l de bouillon de légumes + sel + poivre. Cuire 13 mn SP et mixer avec 2 c. à s. de crème épaisse.



# COURSES

Pour 4 personnes

### RÔTI DE VEAU AUX CHAMPIGNONS

1,2 kg de rôti de veau, 200 g de champignons de Paris, 1 oignon, 1 échalote, 25 cl de fond de veau, 20 cl de vin blanc, 50 g de beurre, persil frais, sel, poivre.

### AIGUILLETTES DE POULET AU PAPRIKA

600 g d'aiguillettes de poulet, 250 g de riz, 1 oignon, 1 c. à s. de paprika, 1 c. à c. de curry, 20 cl de bouillon de volaille, 20 cl de crème liquide, 1 c. à s. d'huile, sel, poivre.

### RAVIOLIS ET SAUCE CRÉMEUSE AU CURRY

800 g de raviolis frais au bœuf, 150 g de chèvre frais, 100 g de crème épaisse, 1 c. à s. de curry, ciboulette fraîche, sel, poivre.

### RIZ AUX CAROTTES

150 g de riz, 6 carottes, 1 échalote, 125 g de crème épaisse légère, 35 cl de bouillon de volaille, 1 c. à c. d'huile, 1 c. à s. de curry, 1 c. à c. de curcuma, sel, poivre.

### DAURADES VAPEUR AUX CITRONS

2 daurades, 2 citrons, 2 poireaux, 2 carottes, 1 navet, coriandre fraîche, sel, poivre.

### POMMES DE TERRE AUX LARDONS

1 kg de pommes de terre, 1 oignon, 150 g de lardons fumés, ¾ de litre de lait, 1 pincée de noix de muscade, sel, poivre.

### VELOUTÉ DE LENTILLES CORAIL

130 g de lentilles corail, 1 branche de céleri, 1 oignon, 1 échalote, 1 l de bouillon de légumes, 2 c. à s. de crème épaisse, 1 c. à s. d'huile, 1 c. à c. de curry, sel, poivre.

## Et aussi

# AVRIL

2020

Lundi
13
Lundi de Pâques

**GIGOT D'AGNEAU AU ROMARIN**
10 mn
30 mn

Mardi
14

**MIJOTÉ DE SAUCISSES AUX ÉPINARDS ET AUX FÈVES**
10 mn
20 mn

Mercredi
15

**FARFALLES AU POULET**
10 mn
10 mn

Jeudi
16

**RIZ AUX FRUITS DE MER**
5 mn
15 mn

Vendredi
17

**POÊLÉE DE PATATES ET DE HARICOTS VERTS AUX LARDONS**
10 mn
15 mn

Samedi
18

**TAJINE DE BOULETTES ET DE PETITS POIS**
5 mn
15 mn

Dimanche
19

**ŒUFS COCOTTE POULET-MOUTARDE**
10 mn
5 mn

# RECETTES

Pour 4 personnes

Piquer 1,2 kg de gigot d'agneau raccourci de 3 gousses d'ail. Le faire revenir 10 mn en MD avec 1 c. à s. d'huile. Ajouter 4 pommes de terre, 3 carottes et 1 navet coupés en morceaux + 4 brins de romarin + sel + poivre + 20 cl d'eau. Cuire 20 mn SP pour une cuisson saignante, 25 mn pour une cuisson à point ou 30 mn pour une cuisson bien cuit.

Faire revenir 5 mn en MD 500 g de chair à saucisses + 1 oignon émincé avec 1 c. à s. d'huile. Ajouter 200 g d'épinards frais + 50 g de fèves écossées + 1 carotte en dés + 400 g de tomates pelées en conserve + 1 c. à c. de paprika + sel + poivre + 20 cl d'eau. Cuire 15 mn SP.

Faire revenir 5 mn en MD 4 escalopes de poulet coupées en morceaux avec 1 c. à s. d'huile. Ajouter 250 g de farfalles + 2 courgettes en rondelles + 200 g de mascarpone + 40 cl de fond de volaille + du persil frais ciselé + sel + poivre. Cuire 5 mn SP.

Faire revenir 5 mn en MD 300 g de moules décortiquées surgelées + 200 g de crevettes cuites décortiquées surgelées + 2 échalotes émincées avec 1 c. à s. d'huile. Ajouter 250 g de riz + 40 cl de purée de tomates + 1 c. à c. de paprika + du persil ciselé + sel + poivre + 30 cl d'eau. Cuire 8 mn SP.

Faire revenir 5 mn en MD 1 oignon émincé + 150 g de lardons fumés + 1 chorizo doux en rondelles. Ajouter 100 g de haricots verts + 500 g de pommes de terre en cubes + sel + poivre + 20 cl d'eau. Cuire 10 mn SP. Ajouter 100 g de crème épaisse et servir.

Faire revenir 5 mn en MD 500 g de boulettes de bœuf + 2 oignons émincés avec 1 c. à s. d'huile. Ajouter 250 g de petits pois surgelés + 40 cl de pulpe de tomates + 1 c. à c. de cumin + de la coriandre fraîche ciselée + sel + poivre + 10 cl d'eau. Cuire 6 mn SP.

Dans 4 ramequins, répartir dans cet ordre : 4 c. à s. de crème épaisse + 100 g d'aiguillettes de poulet rôti cuit + 1 tomate en dés + 4 œufs + 4 c. à s. de moutarde + 40 g de comté râpé + sel + poivre. Placer les ramequins dans le panier vapeur. Verser 20 cl d'eau dans la cuve et cuire 3 mn SP.



# COURSES

Pour 4 personnes

### GIGOT D'AGNEAU AU ROMARIN

1,2 kg de gigot d'agneau raccourci, 4 brins de romarin, 4 pommes de terre, 3 carottes, 1 navet, 3 gousses d'ail, 1 c. à s. d'huile, sel, poivre.

### MIJOTÉ DE SAUCISSES AUX ÉPINARDS ET AUX FÈVES

500 g de chair à saucisses, 200 g d'épinards frais, 50 g de fèves écossées, 1 carotte, 1 oignon, 400 g de tomates pelées en conserve, 1 c. à s. d'huile, 1 c. à c. de paprika, sel, poivre.

### FARFALLES AU POULET

250 g de farfalles, 4 escalopes de poulet, 200 g de mascarpone, 2 courgettes, 40 cl de fond de volaille, 1 c. à s. d'huile, persil frais, sel, poivre.

### RIZ AUX FRUITS DE MER

250 g de riz, 300 g de moules décortiquées surgelées, 200 g de crevettes cuites décortiquées surgelées, 40 cl de purée de tomates, 2 échalotes, 1 c. à c. de paprika, persil, 1 c. à s. d'huile, sel, poivre.

### POÊLÉE DE PATATES ET DE HARICOTS VERTS AUX LARDONS

500 g de pommes de terre, 100 g de haricots verts, 1 oignon, 150 g de lardons fumés, 1 chorizo doux, 100 g de crème épaisse, sel, poivre.

### TAJINE DE BOULETTES ET DE PETITS POIS

500 g de boulettes de bœuf, 250 g de petits pois surgelés, 2 oignons, 40 cl de pulpe de tomates, 1 c. à c. de cumin, coriandre fraîche, 1 c. à s. d'huile, sel, poivre.

### ŒUFS COCOTTE POULET-MOUTARDE

4 œufs, 100 g d'aiguillettes de poulet rôti cuit, 4 c. à s. de moutarde, 4 c. à s. de crème épaisse, 40 g de comté râpé, 1 tomate, sel, poivre.

## Et aussi

# AVRIL

2020

Lundi
20
**PAUPIETTES DE VOLAILLE AUX CAROTTES**
10 mn
25 mn

Mardi
21
**CÔTES DE PORC À LA MOUTARDE**
10 mn
25 mn

Mercredi
22
**RISOTTO DE COURGETTES**
10 mn
20 mn

Jeudi
23
**CUISSES DE POULET AUX PETITS LÉGUMES**
10 mn
25 mn

Vendredi
24
**HARIRA À MA FAÇON**
15 mn
20 mn

Samedi
25
**BŒUF AU CARAMEL**
10 mn
15 mn

Dimanche
26
**BLÉ AU CHORIZO**
10 mn
10 mn



76

# RECETTES

Pour 4 personnes

Faire revenir 7 mn en MD 2 échalotes émincées + 4 paupiettes de volaille avec 1 c. à s. d'huile. Ajouter 8 carottes en rondelles + 3 pommes de terre en morceaux + 1 bouquet garni + 20 cl de vin blanc + 25 cl de bouillon de volaille + sel + poivre. Cuire 15 mn SP.

Faire revenir 6 mn en MD 4 côtes de porc + 2 échalotes émincées avec 1 c. à s. d'huile. Ajouter 20 cl de vin blanc + 2 blancs de poireaux et 2 carottes en rondelles et cuire 3 mn en MD. Ajouter 20 cl de fond de veau + 70 g de concentré de tomates + 1 c. à s. de moutarde + sel + poivre. Cuire 15 mn SP.

Faire revenir 5 mn en MD 1 oignon émincé + 4 courgettes coupées en dés avec 1 c. à s. d'huile. Ajouter 250 g de riz Arborio et cuire 2 mn en MD. Ajouter 50 cl de bouillon de légumes + sel + poivre. Cuire 10 mn SP. Dans la cuve, mélanger avec 60 g de parmesan râpé et servir.

Faire revenir 10 mn en MD 4 cuisses de poulet + 2 oignons émincés avec 2 c. à s. d'huile. Ajouter 4 pommes de terre en morceaux + 3 carottes en rondelles + 2 citrons en quartiers + 1 c. à s. de cumin + 1 c. à s. de curcuma + 1 c. à s. de gingembre + sel + poivre + 30 cl d'eau. Cuire 15 mn SP.

Faire revenir 10 mn en MD 150 g d'agneau en cubes + 1 oignon émincé + 1 céleri en tronçons avec 1 c. à s. d'huile. Mélanger avec 1 c. à s. de farine. Ajouter 50 g de lentilles + 1 c. à c. de curcuma + 1 c. à c. de gingembre + 500 g de tomates en dés + 100 g de pois chiches + sel + poivre + persil. Couvrir d'eau et cuire 20 mn SP.

Faire revenir 5 mn en MD 350 g de bœuf en lamelles + 2 oignons émincés 1 c. à s. d'huile. Mélanger avec 75 g de sucre en poudre + 25 cl d'eau 2 mn sans cesser de remuer. Ajouter 1 c. à s. de sauce soja sucrée + 200 g de nouilles chinoises + 1 carotte en rondelles + 80 g de pousses de soja + 25 cl d'eau + sel. Cuire 4 mn SP.

Faire revenir 2 mn en MD 1 chorizo doux en rondelles. Ajouter 500 g d'Ebly + 80 g de champignons de Paris en lamelles + 50 cl de purée de tomates + 30 cl de bouillon de volaille + 2 c. à s. d'herbes de Provence + sel. Cuire 5 mn SP.

# COURSES

Pour 4 personnes

### PAUPIETTES DE VOLAILLE AUX CAROTTES

4 paupiettes de volaille, 8 carottes, 3 pommes de terre, 2 échalotes, 1 bouquet garni, 25 cl de bouillon de volaille, 20 cl de vin blanc, 1 c. à s. d'huile, sel, poivre.

### CÔTES DE PORC À LA MOUTARDE

4 côtes de porc, 1 c. à s. de moutarde, 2 blancs de poireaux, 2 carottes, 2 échalotes, 70 g de concentré de tomates, 20 cl de vin blanc, 20 cl de fond de veau, 1 c. à s. d'huile, sel, poivre.

### RISOTTO DE COURGETTES

250 g de riz Arborio, 4 courgettes, 1 oignon, 60 g de parmesan râpé, 50 cl de bouillon de légumes, 1 c. à s. d'huile, sel, poivre.

### CUISSES DE POULET AUX PETITS LÉGUMES

4 cuisses de poulet, 4 pommes de terre, 3 carottes, 2 oignons, 2 citrons, 1 c. à s. de cumin, 1 c. à s. de curcuma, 1 c. à s. de gingembre, 2 c. à s. d'huile, sel, poivre.

### HARIRA À MA FAÇON

500 g de tomates, 1 céleri, 1 oignon, 150 g d'agneau, 100 g de pois chiches, 50 g de lentilles, 1 c. à s. de farine, 1 c. à c. de curcuma, 1 c. à c. de gingembre, persil, 1 c. à s. d'huile, sel, poivre.

### BŒUF AU CARAMEL

350 g de bœuf, 75 g de sucre en poudre, 200 g de nouilles chinoises, 80 g de pousses de soja, 1 carotte, 2 oignons, 1 c. à s. de sauce soja sucrée, 1 c. à s. d'huile, sel.

### BLÉ AU CHORIZO

500 g d'Ebly, 1 chorizo doux, 80 g de champignons de Paris, 50 cl de purée de tomates, 30 cl de bouillon de volaille, 2 c. à s. d'herbes de Provence, sel.



77

## Et aussi

# AVRIL/MAI

2020

Lundi **27**

ÉMINCÉ DE BŒUF AUX OIGNONS — 10 mn / 20 mn

Mardi **28**

SAUTÉ DE PORC AUX FÈVES — 10 mn / 25 mn

Mercredi **29**

PENNE ET POULET AU PESTO — 15 mn / 10 mn

Jeudi **30**

FILETS DE CABILLAUD À LA MOUTARDE — 10 mn / 15 mn

Vendredi **1**

Fête du Travail

RIZ ÉPICÉ AU POULET — 10 mn / 15 mn

Samedi **2**

CARI DE PORC — 10 mn / 25 mn

Dimanche **3**

SOUPE DE LÉGUMES — 15 mn / 15 mn

# RECETTES

Pour 4 personnes

Faire revenir 10 mn en MD 500 g de viande de bœuf coupée en cubes + 4 oignons émincés avec 50 g de beurre. Mélanger avec 1 c. à s. de Maïzena. Ajouter 3 carottes en rondelles + 1 navet en morceaux + 30 cl de fond de veau + sel + poivre. Cuire 10 mn SP.

Faire revenir 10 mn en MD 1 kg de sauté de porc + 2 échalotes émincées avec 2 c. à s. d'huile de sésame. Mélanger avec 1 c. à s. de Maïzena. Ajouter 350 g de fèves écossées + 50 cl de bouillon de volaille + sel + poivre. Cuire 15 mn SP. Servir avec 50 g de noisettes entières concassées.

Mixer 60 g de basilic frais + 70 g de parmesan râpé + 3 c. à s. de pignons de pin + 2 gousses d'ail + 30 cl d'huile d'olive. Faire revenir 3 mn en MD 3 blancs de poulet en cubes avec 1 c. à s. d'huile d'olive. Ajouter 250 g de penne + le pesto + 25 cl d'eau + sel + poivre. Cuire 6 mn SP.

Faire revenir 5 mn en MD 4 échalotes émincées avec 30 g de beurre. Ajouter 4 filets de cabillaud + le jus d'1 citron + sel + poivre + 10 cl d'eau. Cuire 7 mn SP. Ajouter 200 g de yaourt à la grecque mélangé avec 2 c. à s. de moutarde forte. Servir avec 250 g de riz.

Faire revenir 5 mn en MD 2 filets de poulet en morceaux + 75 g de lardons + 1 oignon émincé. Ajouter 300 g de riz + 4 tomates en dés + 1 poivron vert en lamelles + 50 g de petits pois frais + 1 c. à c. de curry + 1 c. à c. de paprika + 60 cl d'eau + sel + poivre. Cuire 8 mn SP.

Faire revenir 10 mn en MD 600 g de porc en cubes + 2 oignons émincés avec 1 c. à s. d'huile. Ajouter 2 gousses d'ail hachées + 500 g de pommes de terre primeur + 2 branches de thym + 200 g de tomates pelées + 50 cl de bouillon de volaille + 1 c. à c. de curcuma + sel + poivre. Cuire 13 mn SP.

Dans la cuve, déposer 3 courgettes, 1 poivron vert, 1 poivron rouge, 4 carottes, 1 oignon et 1 échalote coupés grossièrement. Ajouter 40 cl de bouillon de légumes + 2 c. à s. d'herbes de Provence + sel + poivre. Cuire 15 mn SP. Mixer avec un mixeur plongeant.

# COURSES

Pour 4 personnes

### ÉMINCÉ DE BŒUF AUX OIGNONS

500 g de viande de bœuf, 4 oignons, 3 carottes, 1 navet, 30 cl de fond de veau, 50 g de beurre, 1 c. à s. de Maïzena, sel, poivre

### SAUTÉ DE PORC AUX FÈVES

1 kg de sauté de porc, 350 g de fèves écossées, 2 échalotes, 50 g de noisettes entières, 50 cl de bouillon de volaille, 2 c. à s. d'huile de sésame, 1 c. à s. de Maïzena, sel, poivre.

### PENNE ET POULET AU PESTO

250 g de penne, 3 blancs de poulet, 70 g de parmesan râpé, 60 g de basilic frais, 3 c. à s. de pignons de pin, 2 gousses d'ail, 30 cl d'huile d'olive + 1 c. à s., sel, poivre.

### FILETS DE CABILLAUD À LA MOUTARDE

4 filets de cabillaud, 2 c. à s. de moutarde forte, 250 g de riz, 200 g de yaourt à la grecque, 30 g de beurre, 4 échalotes, 1 citron, sel, poivre.

### RIZ ÉPICÉ AU POULET

300 g de riz, 1 c. à c. de curry, 1 c. à c. de paprika, 2 filets de poulet, 75 g de lardons, 50 g de petits pois frais, 4 tomates, 1 poivron vert, 1 oignon, sel, poivre.

### CARI DE PORC

600 g de porc, 500 g de pommes de terre primeur, 200 g de tomates pelées, 2 oignons, 2 gousses d'ail, 2 branches de thym, 50 cl de bouillon de volaille, 1 c. à c. de curcuma, 1 c. à s. d'huile, sel, poivre.

### SOUPE DE LÉGUMES

4 carottes, 3 courgettes, 1 poivron vert, 1 poivron rouge, 1 oignon, 1 échalote, 40 cl de bouillon de légumes, 2 c. à s. d'herbes de Provence, sel, poivre.


79

# Et aussi

# MAI

2020

Lundi
4
ESCALOPES DE VEAU AU CURRY
10 mn
20 mn

Mardi
5
PÂTES AUX BOULETTES DE VIANDE
5 mn
15 mn

Mercredi
6
RIZ AU SAUMON
5 mn
10 mn

Jeudi
7
ÉMINCÉ DE PORC AUX AUBERGINES
10 mn
25 mn

Vendredi
8
Victoire de 1945
CHOU-FLEUR À LA CRÈME
10 mn
15 mn

Samedi
9
CURRY D'AUBERGINES
10 mn
25 mn

Dimanche
10
KNACKI AUX PETITS POIS
10 mn
15 mn
5 mn


80

# RECETTES

Pour 4 personnes

Faire revenir 5 mn en MD 4 escalopes de veau coupées en dés + 1 oignon émincé avec 1 c. à s. d'huile. Ajouter 2 carottes en rondelles + 3 pommes de terre en morceaux + 40 cl de lait de coco + 1 c. à c. de curry + sel + poivre. Cuire 13 mn SP.

Faire revenir 5 mn en MD 1 oignon émincé + 450 g de boulettes de bœuf surgelées avec 1 c. à s. d'huile. Ajouter 500 g de pâtes + 50 cl de purée de tomates + 2 c. à s. d'herbes de Provence + 1 c. à c. d'origan séché + 1 c. à c. de paprika + sel + poivre + 15 cl d'eau. Cuire 7 mn SP.

Dans la cuve, mettre 250 g de riz blanc + 50 cl de bouillon de légumes + 3 carottes en rondelles + du persil ciselé + sel + poivre. Déposer sur le dessus 4 pavés de saumon sans peau et cuire 10 mn SP.

Faire revenir 5 mn en MD 4 côtes de porc coupées en lamelles épaisses + 1 oignon émincé avec 1 c. à s. d'huile. Ajouter 2 gousses d'ail hachées + 2 tomates en dés + 3 aubergines en lamelles + 1 c. à c. de curcuma + 1 branche de thym + sel + poivre + 25 cl d'eau. Cuire 18 mn SP.

Faire revenir 4 mn en MD 150 g de lardons fumés. Ajouter 500 g de chou-fleur en fleurettes + 5 pommes de terre coupées en morceaux + sel + poivre + 20 cl d'eau. Cuire 8 mn SP. Mélanger avec 40 cl de crème liquide + 1 pincée de noix de muscade + 80 g de comté râpé.

Faire revenir 5 mn en MD 5 aubergines coupées en dés avec 1 c. à s. d'huile. Ajouter 2 gousses d'ail hachées + 400 g de pois chiches en conserve + 400 g de tomates pelées + 1 c. à s. de curry + 1 c. à c. de cumin + sel + poivre + 25 cl d'eau. Cuire 20 mn SP.

Faire revenir 5 mn en MD 2 carottes en rondelles + 1 oignon émincé avec 1 c. à s. d'huile. Ajouter 500 g de petits pois frais écossés et cuire 2 mn en MD. Ajouter 25 cl d'eau + 1 bouquet garni + sel + poivre. Cuire 7 mn SP. Ajouter 6 Knacki en morceaux. Attendre 5 mn et servir.



# COURSES

Pour 4 personnes

### ESCALOPES DE VEAU AU CURRY

4 escalopes de veau, 1 c. à c. de curry, 3 pommes de terre, 2 carottes, 1 oignon, 40 cl de lait de coco, 1 c. à s. d'huile, sel, poivre.

### PÂTES AUX BOULETTES DE VIANDE

500 g de pâtes, 450 g de boulettes de bœuf surgelées, 50 cl de purée de tomates, 1 oignon, 2 c. à s. d'herbes de Provence, 1 c. à c. d'origan séché, 1 c. à c. de paprika, 1 c. à s. d'huile, sel, poivre.

### RIZ AU SAUMON

250 g de riz blanc, 4 pavés de saumon sans peau, 50 cl de bouillon de légumes, 3 carottes, persil, sel, poivre.

### ÉMINCÉ DE PORC AUX AUBERGINES

4 côtes de porc, 1 oignon, 2 gousses d'ail, 2 tomates, 1 branche de thym, 3 aubergines, 1 c. à c. de curcuma, 1 c. à s. d'huile, sel, poivre.

### CHOU-FLEUR À LA CRÈME

500 g de chou-fleur en fleurettes, 5 pommes de terre, 40 cl de crème liquide, 150 g de lardons fumés, 80 g de comté râpé, 1 pincée de noix de muscade, sel, poivre.

### CURRY D'AUBERGINES

5 aubergines, 2 gousses d'ail, 400 g de tomates pelées, 400 g de pois chiches en conserve, 1 c. à s. de curry, 1 c. à c. de cumin, 1 c. à s. d'huile, sel, poivre.

### KNACKI AUX PETITS POIS

6 Knacki, 500 g de petits pois frais écossés, 2 carottes, 1 oignon, 1 bouquet garni, 1 c. à s. d'huile, sel, poivre.

## Et aussi

# MAI

2020

Lundi 11

MERGUEZ, POMMES DE TERRE ET COURGETTES

10 mn
10 mn

Mardi 12

FILET MIGNON AUX LENTILLES

10 mn
25 mn

Mercredi 13

POÊLÉE DE LÉGUMES

15 mn
15 mn

Jeudi 14

PAVÉS DE COLIN AU QUINOA

10 mn
10 mn

Vendredi 15

TOMATES FARCIES

15 mn
15 mn

Samedi 16

TAJINE D'AGNEAU AUX PRUNEAUX

15 mn
35 mn

Dimanche 17

TERRINE DE SAUMON

10 mn
40 mn
2 h


82

# RECETTES

Pour 4 personnes

# COURSES

Pour 4 personnes

### MERGUEZ, POMMES DE TERRE ET COURGETTES

Faire revenir 5 mn en MD 6 merguez coupées en morceaux + 4 pommes de terre coupées en dés. Ajouter 2 courgettes coupées en cubes + du persil frais ciselé + sel + poivre + 25 c d'eau. Cuire 5 mn SP.

6 merguez, 4 pommes de terre, 2 courgettes, persil frais, sel, poivre.

### FILET MIGNON AUX LENTILLES

Faire revenir 5 mn en MD 1 filet mignon de porc + 1 oignon émincé avec 1 c. à s. d'huile. Ajouter 250 g de lentilles crues + 2 carottes en rondelles + 1 bouquet garni + sel + poivre + 50 cl d'eau. Cuire 20 mn SP.

1 filet mignon de porc, 250 g de lentilles crues, 2 carottes, 1 oignon, 1 bouquet garni, 1 c. à s. d'huile, sel, poivre.

### POÊLÉE DE LÉGUMES

Faire revenir 5 mn en MD 175 g de lardons fumés + 1 oignon émincé. Ajouter 400 g de haricots verts + 100 g de champignons de Paris en lamelles + 2 carottes en rondelles + 1 navet en cubes + 10 cl de bouillon de volaille + du persil frais ciselé + sel + poivre. Cuire 10 mn SP.

400 g de haricots verts, 100 g de champignons de Paris, 2 carottes, 1 navet, 1 oignon, 175 g de lardons fumés, 10 cl de bouillon de volaille, persil frais, sel, poivre.

### PAVÉS DE COLIN AU QUINOA

Faire revenir 3 mn en MD 1 échalote émincée + 2 carottes en rondelles dans 1 c. à s. d'huile. Ajouter 200 g de quinoa + 400 g de pulpe de tomates en conserve + 20 olives noires + 10 cl d'eau + 4 pavés de colin + du persil plat ciselé + sel + poivre. Cuire 6 mn SP.

4 pavés de colin surgelés, 200 g de quinoa, 400 g de pulpe de tomates en conserve, 20 olives noires, 2 carottes, 1 échalote, persil plat, 1 c. à s. d'huile, sel, poivre.

### TOMATES FARCIES

Faire revenir 5 mn en MD 500 g de chair à saucisse mélangée avec 1 gousse d'ail hachée + 1 c. à c. de cumin + 1 c. à s. d'herbes de Provence + sel + poivre. Vider 4 gosses tomates de leur chair et les farcir avec la viande. Dans la cuve, mettre 200 g de riz + la chair des tomates + 40 cl d'eau + les tomates farcies. Cuire 10 mn SP.

4 grosses tomates, 500 g de chair à saucisse, 1 gousse d'ail, 1 c. à s. d'herbes de Provence, 1 c. à c. de cumin, 200 g de riz, sel, poivre.

### TAJINE D'AGNEAU AUX PRUNEAUX

Faire revenir 10 mn en MD 1,2 kg d'épaule d'agneau coupée en morceaux + 1 oignon émincé avec 1 c. à s. d'huile. Ajouter 1 c. à c. de cannelle + 1 c. à s. de cumin + 4 courgettes et 2 aubergines en cubes + 70 cl de bouillon de veau + 100 g de pruneaux + 1 c. à s. de miel + sel + poivre. Cuire 25 mn SP.

1,2 kg d'épaule d'agneau, 100 g de pruneaux, 4 courgettes, 2 aubergines, 1 oignon, 70 cl de bouillon de veau, 1 c. à s. de miel, 1 c. à s. de cumin, 1 c. à c. de cannelle, 1 c. à s. d'huile, sel, poivre.

### TERRINE DE SAUMON

Verser 20 cl d'eau dans la cuve et cuire 6 mn SP 300 g de saumon frais sans peau dans le panier vapeur. Mélanger avec 3 œufs + 10 cl de crème liquide + 10 cl de purée de tomates + 1 c. à c. de paprika + sel + poivre. Verser la préparation dans un moule et le placer dans le panier vapeur. Verser 20 cl d'eau dans la cuve et cuire 30 mn SP. Placer au frais 2 h avant de servir.

300 g de saumon frais sans peau, 3 œufs, 10 cl de crème liquide, 10 cl de purée de tomates, 1 c. à c. de paprika, sel, poivre.

## Et aussi

# MAI

2020

Lundi

18

**CHIPOLATAS AUX GNOCCHIS**

10 mn
15 mn
5 mn

Mardi

19

**MIJOTÉ DE VEAU AUX LÉGUMES**

10 mn
35 mn

Mercredi

20

**POÊLÉE DE POULET AUX LÉGUMES**

10 mn
15 mn

Jeudi

21

Ascension

**RISOTTO AUX GAMBAS**

5 mn
25 mn

Vendredi

22

**GRATIN DE COURGETTES À LA FETA**

15 mn
30 mn

Samedi

23

**MARMITE MEXICAINE**

15 mn
20 mn

Dimanche

24

**CLAFOUTIS COURGETTES, CHÈVRE ET BASILIC**

10 mn
25 mn



84

# RECETTES

Pour 4 personnes

Faire revenir 5 mn en MD 6 chipolatas coupées en morceaux + 1 oignon émincé. Ajouter 500 g de gnocchis + 80 g de petits pois surgelés + 40 cl de purée de tomates + 10 cl d'eau + sel + poivre. Cuire 6 mn SP. Ajouter 20 cl de crème liquide + du persil plat ciselé et mettre 5 mn en MC.

Faire revenir 10 mn en MD 600 g de noix de veau + 1 oignon et 1 échalote émincés avec 1 c. à s. d'huile. Ajouter 1 branche de céleri en tronçons + 200 g de chou-fleur en fleurettes + 4 carottes en rondelles + 2 navets en cubes + 50 cl de fond de veau + sel + poivre. Cuire 25 mn SP.

Faire revenir 3 mn en MD 4 escalopes de poulet en morceaux avec 1 c. à s. d'huile. Ajouter 100 g de haricots verts + 50 g de champignons de Paris en lamelles + 6 pommes de terre en cubes + 10 cl de vin blanc + 15 cl de bouillon de volaille + 1 c. à c. de thym + 1 c. à c. de paprika + sel + poivre. Cuire 8 mn SP.

Faire revenir 5 mn en MD 12 gambas crues décortiquées + 1 échalote hachée + 1 c. à c. de paprika + 1 c. à c. de piment d'Espelette avec 1 c. à s. d'huile. Ajouter 250 g de riz Arborio et cuire 2 mn en MD. Ajouter 60 cl de bouillon de légumes + sel + poivre. Cuire 15 mn SP. Mélanger avec 80 g de parmesan râpé et servir.

Faire revenir 5 mn en MD 3 courgettes en rondelles + 1 oignon émincé avec 1 c. à s. d'huile. Ajouter 500 g de tomates pelées en conserve et cuire 5 mn SP. Verser la préparation dans un plat. Ajouter le mélange 200 g de crème épaisse + 20 cl de lait + 2 œufs + 1 c. à s. d'origan + sel + poivre. Émietter 200 g de feta sur le gratin et enfourner 20 mn à 180 °C.

Faire revenir 10 mn en MD 8 pilons de poulet et 2 oignons émincés avec 1 c. à s. d'huile. Ajouter 250 g de riz + 2 poivrons rouges en lamelles + 100 g de haricots rouges en conserve + 1 c. à s. de paprika + 1 c. à c. de cumin + 1 c. à s. d'origan + sel + poivre + 50 cl d'eau. Cuire 10 mn SP.

Faire revenir 6 mn en MD 2 courgettes en dés + 1 gousse d'ail hachée avec 1 c. à s. d'huile. Fouetter 100 g de chèvre frais + 2 œufs + 10 cl de lait + 7 cl de crème liquide + 20 g de Maïzena + 10 feuilles de basilic hachées + sel + poivre. Répartir dans 4 verrines et les déposer dans le panier vapeur. Verser 20 cl d'eau dans la cuve et cuire 15 mn SP.

# COURSES

Pour 4 personnes

### CHIPOLATAS AUX GNOCCHIS

6 chipolatas, 500 g de gnocchis, 80 g de petits pois surgelés, 1 oignon, 40 cl de purée de tomates, 20 cl de crème liquide, persil plat, sel, poivre.

### MIJOTÉ DE VEAU AUX LÉGUMES

600 g de noix de veau, 200 g de chou-fleur en fleurettes, 4 carottes, 2 navets, 1 branche de céleri, 1 oignon, 1 échalote, 50 cl de fond de veau, 1 c. à s. d'huile, sel, poivre.

### POÊLÉE DE POULET AUX LÉGUMES

4 escalopes de poulet, 100 g de haricots verts, 50 g de champignons de Paris, 6 pommes de terre, 15 cl de bouillon de volaille, 10 cl de vin blanc, 1 c. à c. de thym, 1 c. à c. de paprika, 1 c. à s. d'huile, sel, poivre.

### RISOTTO AUX GAMBAS

250 g de riz Arborio, 12 gambas crues décortiquées, 1 échalote, 80 g de parmesan râpé, 60 cl de bouillon de légumes, 1 c. à c. de paprika, 1 c. à c. de piment d'Espelette, 1 c. à s. d'huile, sel, poivre.

### GRATIN DE COURGETTES À LA FETA

3 courgettes, 200 g de feta, 500 g de tomates pelées en conserve, 200 g de crème épaisse, 20 cl de lait, 2 œufs, 1 oignon, 1 c. à s. d'origan, 1 c. à s. d'huile, sel, poivre.

### MARMITE MEXICAINE

250 g de riz, 100 g de haricots rouges en conserve, 8 pilons de poulet, 2 poivrons rouges, 2 oignons, 1 c. à s. de paprika, 1 c. à s. d'origan, 1 c. à c. de cumin, 1 c. à s. d'huile, sel, poivre.

### CLAFOUTIS COURGETTES, CHÈVRE ET BASILIC

2 courgettes, 1 gousse d'ail, 100 g de chèvre frais, 10 feuilles de basilic, 20 g de Maïzena, 2 œufs, 10 cl de lait, 7 cl de crème liquide, 1 c. à s. d'huile, sel, poivre.

## Et aussi

# MAI

2020

Lundi
25
**BŒUF À LA TOMATE**
15 mn
20 mn

Mardi
26
**ÉMINCÉ DE POULET AUX OLIVES**
10 mn
15 mn

Mercredi
27
**PÂTES À LA SAUCE BOLOGNAISE**
5 mn
10 mn

Jeudi
28
**FILETS DE LIEU NOIR AUX ÉPINARDS**
5 mn
15 mn

Vendredi
29
**RÔTI DE DINDE AUX CHAMPIGNONS**
15 mn
30 mn

Samedi
30
**SAUTÉ DE PORC AU CURRY**
10 mn
30 mn

Dimanche
31
Pentecôte
**RISTE D'AUBERGINES**
20 mn
20 mn


86

# RECETTES

Pour 4 personnes

# COURSES

Pour 4 personnes

Faire revenir 10 mn en MD 1,2 kg de viande à bourguignon en petits cubes + 1 oignon émincé avec 1 c. à s. d'huile. Ajouter 100 g de concentré de tomates + 400 g de tomates pelées en conserve + 1 bouquet garni + 250 g de riz + 50 cl de bouillon de légumes + sel + poivre. Cuire 10 mn SP.

**BŒUF À LA TOMATE**

1,2 kg de viande à bourguignon, 400 g de tomates pelées en conserve, 100 g de concentré de tomates, 250 g de riz, 1 oignon, 1 bouquet garni, 50 cl de bouillon de légumes, 1 c. à s. d'huile, sel, poivre.

---

Faire revenir 5 mn en MD 600 g d'escalopes de poulet coupées en cubes + 1 échalote et 2 gousses d'ail émincées avec 1 c. à s. d'huile. Ajouter 10 feuilles de basilic ciselées + 200 g de purée de tomates + 20 olives noires + sel + poivre + 10 cl d'eau. Cuire 10 mn SP.

**ÉMINCÉ DE POULET AUX OLIVES**

600 g d'escalopes de poulet, 20 olives noires, 200 g de purée de tomates, 1 échalote, 2 gousses d'ail, 10 feuilles de basilic, 1 c. à s. d'huile, sel, poivre.

---

Cuire 500 g de pâtes. Faire revenir 5 mn en MD 600 g de viande hachée + 1 oignon et 2 gousses d'ail émincés avec 1 c. à s. d'huile. Ajouter 70 g de concentré de tomates + 800 g de pulpe de tomates en conserve + 10 feuilles de basilic ciselées + 1 c. à s. d'herbes de Provence + 1 c. à c. d'origan + sel + poivre. Cuire 3 mn SP et servir avec les pâtes.

**PÂTES À LA SAUCE BOLOGNAISE**

600 g de viande hachée, 500 g de pâtes, 1 oignon, 2 gousses d'ail, 70 g de concentré de tomates, 800 g de pulpe de tomates en conserve, 10 feuilles de basilic, 1 c. à s. d'herbes de Provence, 1 c. à c. d'origan, 1 c. à s. d'huile, sel, poivre.

---

Faire revenir 3 mn en MD 2 oignons émincés avec 1 c. à s. d'huile. Ajouter 1 kg d'épinards en branches surgelés et cuire 5 mn en MD. Ajouter 15 cl de bouillon de légumes + sel + poivre. Déposer 2 filets de lieu noir sur le dessus et cuire 5 mn SP. Mélanger avec 15 cl de crème liquide.

**FILETS DE LIEU NOIR AUX ÉPINARDS**

2 filets de lieu noir, 1 kg d'épinards en branches surgelés, 2 oignons, 15 cl de bouillon de légumes, 15 cl de crème liquide, 1 c. à s. d'huile, sel, poivre.

---

Faire revenir 10 mn en MD 600 g de rôti de dinde recouvert de 2 c. à s. de Maïzena + 2 échalotes émincées avec 1 c. à s. d'huile. Ajouter 20 cl de vin blanc + 500 g de champignons de Paris en lamelles + 30 cl de fond de volaille + 1 c. à c. de paprika + sel + poivre. Cuire 20 mn SP. Ajouter 20 cl de crème liquide et servir.

**RÔTI DE DINDE AUX CHAMPIGNONS**

600 g de rôti de dinde, 500 g de champignons de Paris, 2 échalotes, 30 cl de fond de volaille, 20 cl de vin blanc, 20 cl de crème liquide, 2 c. à s. de Maïzena, 1 c. à c. de paprika, 1 c. à s. d'huile, sel, poivre.

---

Faire revenir 10 mn en MD 1 kg de sauté de porc + 1 oignon émincé avec 1 c. à s. d'huile. Ajouter 2 carottes en rondelles + 3 pommes de terre en cubes + 20 cl de fond de veau + 40 cl de lait de coco + 1 c. à s. de curry + sel + poivre. Cuire 20 mn SP.

**SAUTÉ DE PORC AU CURRY**

1 kg de sauté de porc, 1 c. à s. de curry, 3 pommes de terre, 2 carottes, 1 oignon, 40 cl de lait de coco, 20 cl de fond de veau, 1 c. à s. d'huile, sel, poivre.

---

Faire revenir 5 mn en MD 1 oignon émincé avec 1 filet d'huile d'olive. Ensuite, faire revenir 3 mn en MD 2 gousses d'ail hachées + 1 c. à s. de miel. Ajouter 1 kg d'aubergines, 1 kg de courgettes et 1 poivron en dés + 400 g de tomates pelées + 15 cl de vin blanc + du persil plat ciselé + sel + poivre. Cuire 10 mn SP.

**RISTE D'AUBERGINES**

1 kg d'aubergines, 1 kg de courgettes, 400 g de tomates pelées, 1 poivron, 1 oignon, 2 gousses d'ail, 15 cl de vin blanc, 1 c. à s. de miel, 1 filet d'huile d'olive, persil plat, sel, poivre.


87

## Et aussi

# JUIN

2020

Lundi

1

Lundi de Pentecôte

**RAGOÛT DE BŒUF AUX HARICOTS BLANCS**

5 mn
40 mn
12 h

Mardi

2

**AIGUILLETTES DE POULET AU CURRY**

5 mn
20 mn

Mercredi

3

**BLANCS DE POULET AU BOURSIN**

10 mn
15 mn

Jeudi

4

**TRUITES EN PAPILLOTE**

10 mn
5 mn

Vendredi

5

**OSSO BUCO DE DINDE**

10 mn
30 mn

Samedi

6

**RÔTI DE PORC À LA MOUTARDE**

10 mn
35 mn

Dimanche

7

**AUBERGINES FARCIES**

15 mn
10 mn



88

# RECETTES

Pour 4 personnes

Faire tremper 500 g de haricots blancs secs dans l'eau pendant 12 h. Faire revenir 10 mn en MD 500 g de bœuf à braiser + 1 oignon émincé avec 1 c. à s. d'huile. Ajouter 500 g de tomates concassées + 2 c. à s. de concentré de tomates + les haricots blancs + 1 bouquet garni + sel + poivre + 20 cl d'eau. Cuire 30 mn SP.

Faire revenir 5 mn en MD 700 g d'aiguillettes de poulet + 1 échalote émincée avec 1 c. à s. d'huile. Ajouter 20 cl de bouillon de volaille + 2 carottes en rondelles + 1 c. à s. de curry + sel + poivre. Cuire 5 mn SP. Mélanger avec 40 cl de crème liquide et passer 10 mn en MC. Servir avec 250 g de riz.

Faire revenir 5 mn en MD 4 blancs de poulet en cubes + 1 oignon émincé avec 1 c. à s. d'huile. Ajouter 3 carottes en rondelles + 2 poivrons en lamelles + 30 cl de bouillon de volaille + sel + poivre. Cuire 6 mn SP. Ajouter 1 pot de Boursin Cuisine ail et fines herbes et passer 5 mn en MC.

Déposer 4 truites sans queue ni tête sur 4 feuilles de papier sulfurisé. Répartir le jus d'1 citron + 1 courgette, 1 carotte et 2 pommes de terre en fines rondelles + de la ciboulette ciselée + sel + poivre + 1 grosse c. à s. de cancoillotte dans chaque papillote et les fermer. Verser 20 cl d'eau dans la cuve et cuire 4 mn SP dans le panier vapeur.

Faire revenir 10 mn en MD 800 g d'osso buco de dinde + 1 oignon émincé + 150 g de lardons fumés. Ajouter 3 carottes et 3 pommes de terre en cubes + 250 g de champignons de Paris + 25 cl de vin blanc + 25 cl de bouillon de volaille + sel + poivre. Cuire 20 mn SP. Ajouter 20 g de crème épaisse et servir.

Faire revenir 10 mn en MD 800 g de rôti de porc + 2 échalotes émincées avec 1 c. à s. d'huile. Mélanger avec 1 c. à s. de Maïzena. Ajouter 6 pommes de terre + 2 carottes + 20 cl de vin blanc + 1 c. à s. de moutarde à l'ancienne + 20 cl de fond de volaille + 1 bouquet garni + sel + poivre. Cuire 25 mn SP.

Vider 4 aubergines à farcir de leur chair. Mélanger 400 g de viande hachée + la chair des aubergines + 70 g de riz + 2 gousses d'ail hachées + 1 c. à c. de cannelle + 2 c. à s. d'origan + 2 c. à s. de thym + sel + poivre. Farcir les aubergines. Mettre dans la cuve 700 g de tomates en dés + 20 cl d'eau + les aubergines et cuire 9 mn SP.



# COURSES

Pour 4 personnes

## RAGOÛT DE BŒUF AUX HARICOTS BLANCS

500 g de bœuf à braiser, 500 g de haricots blancs secs, 500 g de tomates concassées, 2 c. à s. de concentré de tomates, 1 oignon, 1 bouquet garni, 1 c. à s. d'huile, sel, poivre.

## AIGUILLETTES DE POULET AU CURRY

700 g d'aiguillettes de poulet, 1 c. à s. de curry, 250 g de riz, 2 carottes, 1 échalote, 40 cl de crème liquide, 20 cl de bouillon de volaille, 1 c. à s. d'huile, sel, poivre.

## BLANCS DE POULET AU BOURSIN

4 blancs de poulet, 1 pot de Boursin Cuisine ail et fines herbes, 3 carottes, 2 poivrons, 1 oignon, 30 cl de bouillon de volaille, 1 c. à s. d'huile, sel, poivre.

## TRUITES EN PAPILLOTE

4 truites, 2 pommes de terre, 1 courgette, 1 carotte, 1 citron, 4 grosses c. à s. de cancoillotte, ciboulette, sel, poivre.

## OSSO BUCO DE DINDE

800 g d'osso buco de dinde, 150 g de lardons fumés, 250 g de champignons de Paris, 3 carottes, 3 pommes de terre, 1 oignon, 25 cl de vin blanc, 25 cl de bouillon de volaille, 20 g de crème épaisse, sel, poivre.

## RÔTI DE PORC À LA MOUTARDE

800 g de rôti de porc, 1 c. à s. de moutarde à l'ancienne, 6 pommes de terre, 2 carottes, 2 échalotes, 20 cl de vin blanc, 20 cl de fond de volaille, 1 bouquet garni, 1 c. à s. de Maïzena, 1 c. à s. d'huile, sel, poivre.

## AUBERGINES FARCIES

4 aubergines à farcir, 700 g de tomates, 400 g de viande hachée, 70 g de riz, 2 gousses d'ail, 2 c. à s. d'origan, 2 c. à s. de thym, 1 c. à c. de cannelle, sel, poivre.

## Et aussi

# JUIN

2020

Lundi 8

**SAUTÉ DE PORC AUX POIVRONS**

10 mn
25 mn

Mardi 9

**ÉMINCÉ DE DINDE AUX BLETTES**

10 mn
10 mn

Mercredi 10

**BOULGOUR AUX LARDONS ET AUX COURGETTES**

10 mn
10 mn

Jeudi 11

**CREVETTES AU BOURSIN**

10 mn
10 mn

Vendredi 12

**RIZ AUX POIVRONS ET À L'AUBERGINE**

10 mn
10 mn

Samedi 13

**BOULETTES DE BŒUF AUX POMMES DE TERRE**

10 mn
15 mn

Dimanche 14

**BLÉ À LA SAUCE TOMATE**

10 mn
10 mn



90

# RECETTES

Pour 4 personnes

Faire revenir 6 mn en MD 1 kg de sauté de porc préalablement fariné de 2 c. à c. de farine + 1 oignon émincé avec 1 c. à s. d'huile. Ajouter 2 poivrons rouges, 1 poivron vert et 1 poivron jaune coupés en lamelles + 1 c. à c. de paprika + 25 cl de bouillon de volaille + sel + poivre. Cuire 15 mn SP.

Faire revenir 5 mn en MD 4 escalopes de dinde en cubes + 1 échalote émincée + 10 côtes de blettes avec 1 c. à s. d'huile. Ajouter 2 carottes en rondelles + 10 cl de fond de veau + ½ c. à c. de piment d'Espelette + sel + poivre. Cuire 4 mn SP. Mélanger avec 200 g de crème épaisse et servir.

Faire revenir 3 mn en MD 150 g de lardons fumés + 1 oignon émincé. Ajouter 2 courgettes en rondelles + 400 g de boulgour + 300 g de purée de tomates + 2 boules de mozzarella en cubes + 20 cl d'eau + sel + poivre. Cuire 5 mn SP. Servir avec du persil plat ciselé.

Faire revenir 2 mn en MD 1 échalote émincée. Ajouter 600 g de crevettes décortiquées surgelées + 3 tomates en dés + 1 pot de Boursin Cuisine ail et fines herbes + 20 cl d'eau + sel + poivre. Cuire 8 mn SP et servir avec 200 g de riz.

Faire revenir 2 mn en MD 1 oignon émincé avec 1 c. à s. d'huile. Ajouter 300 g de riz + 2 poivrons en lamelles + 1 aubergine en cubes + 1 c. à c. de cumin + 60 cl de bouillon de légumes + sel + poivre. Cuire 8 mn SP.

Faire revenir 5 mn en MD 600 g de boulettes de bœuf surgelées + 1 oignon et 1 échalote émincés avec 1 c. à s. d'huile. Ajouter 6 pommes de terre en cubes + 2 tomates en dés + 1 c. à c. de paprika + 1 c. à c. de curcuma + sel + poivre + 30 cl d'eau. Cuire 8 mn SP. Servir avec de la coriandre hachée.

Faire revenir 3 mn en MD 1 oignon émincé avec 1 c. à s. d'huile. Ajouter 500 g de blé + 100 g de champignons de Paris en lamelles + 4 tomates en dés + 400 g de purée de tomates + 1 c. à s. d'origan + sel + poivre + 50 cl d'eau. Cuire 4 mn SP.



# COURSES

Pour 4 personnes

### SAUTÉ DE PORC AUX POIVRONS

1 kg de sauté de porc, 2 poivrons rouges, 1 poivron vert, 1 poivron jaune, 1 oignon, 2 c. à c. de farine, 1 c. à c. de paprika, 25 cl de bouillon de volaille, 1 c. à s. d'huile, sel, poivre.

### ÉMINCÉ DE DINDE AUX BLETTES

4 escalopes de dinde, 10 côtes de blettes, 2 carottes, 1 échalote, 200 g de crème épaisse, 10 cl de fond de veau, ½ c. à c. de piment d'Espelette, 1 c. à s. d'huile, sel, poivre.

### BOULGOUR AUX LARDONS ET AUX COURGETTES

400 g de boulgour, 150 g de lardons fumés, 2 courgettes, 300 g de purée de tomates, 1 oignon, 2 boules de mozzarella, persil plat, sel, poivre.

### CREVETTES AU BOURSIN

600 g de crevettes décortiquées surgelées, 1 pot de Boursin Cuisine ail et fines herbes, 200 g de riz, 3 tomates, 1 échalote, sel, poivre.

### RIZ AUX POIVRONS ET À L'AUBERGINE

300 g de riz, 2 poivrons, 1 aubergine, 1 oignon, 60 cl de bouillon de légumes, 1 c. à s. d'huile, 1 c. à c. de cumin, sel, poivre.

### BOULETTES DE BŒUF AUX POMMES DE TERRE

600 g de boulettes de bœuf surgelées, 6 pommes de terre, 2 tomates, 1 oignon, 1 échalote, 1 c. à c. de paprika, 1 c. à c. de curcuma, coriandre, 1 c. à s. d'huile, sel, poivre.

### BLÉ À LA SAUCE TOMATE

500 g de blé, 400 g de purée de tomates, 100 g de champignons de Paris, 4 tomates, 1 oignon, 1 c. à s. d'origan, 1 c. à s. d'huile, sel, poivre.

91

# Et aussi

# JUIN

2020

Lundi **15**

**ÉMINCÉ DE POULET AUX POIVRONS**

10 mn
15 mn

Mardi **16**

**POÊLÉE DE HARICOTS VERTS AUX LARDONS**

10 mn
20 mn

Mercredi **17**

**COQUILLETTES ET KNACKI À LA SAUCE TOMATE**

5 mn
5 mn
5 mn

Jeudi **18**

**ENCORNETS AUX COURGETTES**

10 mn
20 mn

Vendredi **19**

**RISOTTO AUX TOMATES**

10 mn
25 mn

Samedi **20**

**POMMES DE TERRE AUX POIVRONS**

10 mn
20 mn

Dimanche **21**

**ŒUFS COCOTTE AU CHORIZO**

10 mn
5 mn


92

# RECETTES

Pour 4 personnes

Faire revenir 5 mn en MD 4 escalopes de poulet en cubes + 1 échalote émincée + 3 poivrons en dés dans 2 c. à s. d'huile. Ajouter 400 g de pulpe de tomates + 1 c. à c. de paprika + 1 c. à c. de curcuma + sel + poivre + 5 cl d'eau. Cuire 8 mn SP. Servir avec du persil plat ciselé.

Faire revenir 5 mn en MD 150 g de lardons fumés + 2 gousses d'ail hachées + 1 échalote émincée avec 40 g de beurre. Ajouter 600 g de haricots verts frais équeutés + 6 tomates en dés + 10 cl d'eau + sel + poivre. Cuire 15 mn SP. Parsemer de persil plat ciselé avant de servir.

Dans la cuve, mettre 250 g de coquillettes + 8 Knacki coupées en morceaux + 400 g de pulpe de tomates + 30 cl d'eau + sel + poivre. Cuire 5 mn SP. Mélanger avec 200 g de crème épaisse. Laisser 5 mn en MC avant de servir.

Faire revenir 5 mn en MD 1 échalote émincée + 3 courgettes en rondelles avec 2 c. à s. d'huile. Ajouter 600 g d'encornets en rondelles décongelés + 300 g de purée de tomates + 1 c. à s. d'origan + 1 c. à s. de paprika + 1 c. à c. de piment d'Espelette + sel + poivre + 20 cl d'eau. Cuire 15 mn SP.

En MD, faire revenir 1 échalote émincée avec 1 c. à s. d'huile 2 mn, puis 300 g de riz Arborio 2 mn et 20 cl de vin blanc 2 mn. Ajouter 150 g de dés de jambon + 3 tomates en dés + 200 g de coulis de tomates + 60 cl de bouillon de légumes + 1 c. à s. d'origan + sel + poivre. Cuire 15 mn SP.

Faire revenir 10 mn en MD 4 pommes de terre en cubes + 3 poivrons en lamelles + 2 gousses d'ail et 1 oignon émincés avec 2 c. à s. d'huile. Ajouter 2 tomates en dés + 1 c. à c. de concentré de tomates + 1 c. à s. de paprika + sel + poivre + 20 cl d'eau. Cuire 8 mn SP.

Dans 4 ramequins, répartir dans cet ordre : 1 c. à s. de crème fraîche + 2 rondelles d'½ chorizo doux + 1 œuf + un peu d'1 poivron rouge coupé en dés + 1 c. à s. de crème fraîche + sel + poivre + 40 g de gruyère râpé. Verser 20 cl d'eau dans la cuve et cuire dans le panier vapeur 3 mn SP.

# COURSES

Pour 4 personnes

**ÉMINCÉ DE POULET AUX POIVRONS**

4 escalopes de poulet, 400 g de pulpe de tomates, 3 poivrons, 1 échalote, 1 c. à c. de paprika, 1 c. à c. de curcuma, persil plat, 2 c. à s. d'huile, sel, poivre.

**POÊLÉE DE HARICOTS VERTS AUX LARDONS**

600 g de haricots verts frais, 150 g de lardons fumés, 6 tomates, 2 gousses d'ail, 1 échalote, 40 g de beurre, persil plat, sel, poivre.

**COQUILLETTES ET KNACKI À LA SAUCE TOMATE**

250 g de coquillettes, 8 Knacki, 400 g de pulpe de tomates, 200 g de crème epaisse, sel, poivre.

**ENCORNETS AUX COURGETTES**

600 g d'encornets en rondelles surgelés, 3 courgettes, 1 échalote, 300 g de purée de tomates, 1 c. à s. d'origan, 1 c. à s. de paprika, 1 c. à c. de piment d'Espelette, 2 c. à s. d'huile, sel, poivre.

**RISOTTO AUX TOMATES**

300 g de riz Arborio, 200 g de coulis de tomates, 3 tomates, 1 échalote, 150 g de dés de jambon, 60 cl de bouillon de légumes, 20 cl de vin blanc, 1 c. à s. d'origan, 1 c. à s. d'huile, sel, poivre.

**POMMES DE TERRE AUX POIVRONS**

4 pommes de terre, 3 poivrons, 2 tomates, 2 gousses d'ail, 1 oignon, 1 c. à c. de concentré de tomates, 1 c. à s. de paprika, 2 c. à s. d'huile, sel, poivre.

**ŒUFS COCOTTE AU CHORIZO**

4 œufs, ½ chorizo doux, 8 c. à s. de crème fraîche, 1 poivron rouge, 40 g de gruyère râpé, sel, poivre.


93

# Et aussi

# JUIN

2020

Lundi **22**

CÔTES DE PORC AUX LÉGUMES D'ÉTÉ

10 mn
25 mn

Mardi **23**

BOULETTES DE BŒUF AUX POIVRONS

10 mn
20 mn

Mercredi **24**

VIANDE HACHÉE AU BROCOLI

5 mn
20 mn

Jeudi **25**

SPAGHETTIS AU CABILLAUD

10 mn
20 mn

Vendredi **26**

POÊLÉE VÉGÉTARIENNE

15 mn
20 mn

Samedi **27**

AUBERGINES AU GARAM MASALA

10 mn
15 mn

Dimanche **28**

RISOTTO AUX CHAMPIGNONS ET AUX CHIPOLATAS

10 mn
15 mn

## RECETTES

Pour 4 personnes

## COURSES

Pour 4 personnes

### CÔTES DE PORC AUX LÉGUMES D'ÉTÉ

Faire revenir 6 mn en MD 4 côtes de porc + 1 échalote émincée avec 1 c. à s. d'huile. Ajouter 20 cl de vin blanc + 3 poivrons en lamelles et cuire 3 mn en MD. Ajouter 20 cl de fond de veau + 70 g de concentré de tomates + 2 tomates en dés + sel + poivre. Cuire 15 mn SP.

4 côtes de porc, 3 poivrons, 2 tomates, 1 échalote, 70 g de concentré de tomates, 20 cl de vin blanc, 20 cl de fond de veau, 1 c. à s. d'huile, sel, poivre.

### BOULETTES DE BŒUF AUX POIVRONS

Faire revenir 5 mn en MD 500 g de boulettes de bœuf en mélangeant délicatement. Ajouter 1 oignon émincé et cuire 3 mn en MD. Ajouter 1 c. à s. de miel + 3 poivrons en lamelles + 70 g de concentré de tomates + 20 cl de fond de volaille + sel + poivre. Cuire 10 mn SP. Servir avec du persil plat ciselé.

500 g de boulettes de bœuf, 3 poivrons, 1 oignon, 70 g de concentré de tomates, 20 cl de fond de volaille, 1 c. à s. de miel, persil plat, sel, poivre.

### VIANDE HACHÉE AU BROCOLI

Verser 20 cl d'eau dans la cuve et faire cuire 6 mn SP 300 g de brocoli en fleurettes dans le panier vapeur. Vider la cuve et faire revenir 5 mn en MD 300 g de viande hachée + 1 oignon émincé avec 1 c. à s. d'huile. Ajouter le brocoli + 1 c. à c. de cumin + sel + poivre + 20 cl d'eau + 3 carrés de Kiri. Cuire 6 mn SP. Mélanger avec 200 g de crème légère et servir.

300 g de viande hachée, 300 g de brocoli en fleurettes, 1 oignon, 200 g de crème légère, 3 carrés de Kiri, 1 c. à c. de cumin, 1 c. à s. d'huile, sel, poivre.

### SPAGHETTIS AU CABILLAUD

Faire revenir 8 mn en MD 1 oignon émincé + 2 poivrons en dés avec 25 g de beurre. Ajouter 250 g de spaghettis coupés en 2 + 70 g de concentré de tomates + 1 c. à s. de paprika + 200 g de mascarpone + 50 cl d'eau + sel + poivre. Mélanger et déposer 300 g de filets de cabillaud dessus. Cuire 8 mn SP.

300 g de filets de cabillaud, 250 g de spaghettis, 200 g de mascarpone, 25 g de beurre, 70 g de concentré de tomates, 2 poivrons, 1 oignon, 1 c. à s. de paprika, sel, poivre.

### POÊLÉE VÉGÉTARIENNE

Faire revenir 10 mn en MD 1 échalote émincée + 2 gousses d'ail hachées + 400 g de haricots verts frais équeutés + 3 carottes en rondelles + 4 pommes de terre en cubes avec 1 c. à s. d'huile. Ajouter 3 tomates en dés + 20 cl de bouillon de légumes + du persil plat ciselé + sel + poivre. Cuire 10 mn SP.

400 g de haricots verts frais, 4 pommes de terre, 3 tomates, 3 carottes, 2 gousses d'ail, 1 échalote, 20 cl de bouillon de légumes, persil plat, 1 c. à s. d'huile, sel, poivre.

### AUBERGINES AU GARAM MASALA

Faire revenir 5 mn en MD 1 oignon et 2 gousses d'ail émincés avec 1 c. à s. d'huile. Ajouter 3 aubergines coupées en cubes + 40 cl de lait de coco + 2 c. à s. de garam masala + 70 g de concentré de tomates + sel. Cuire 10 mn SP.

3 aubergines, 2 c. à s. de garam masala, 2 gousses d'ail, 1 oignon, 70 g de concentré de tomates, 40 cl de lait de coco, 1 c. à s. d'huile, sel.

### RISOTTO AUX CHAMPIGNONS ET AUX CHIPOLATAS

En MD, faire revenir 1 échalote émincée avec 1 c. à s. d'huile 5 mn, puis 250 g de riz Arborio 2 mn. Ajouter 6 chipolatas en morceaux + 100 g de champignons de Paris en lamelles + 2 c. à s. d'herbes de Provence + 50 cl de bouillon de volaille + sel + poivre. Cuire 8 mn SP.

250 g de riz Arborio, 100 g de champignons de Paris, 1 échalote, 6 chipolatas, 2 c. à s. d'herbes de Provence, 50 cl de bouillon de volaille, 1 c. à s. d'huile, sel, poivre.


95

# Et aussi

# JUIN/JUILLET

2020

Lundi 29

**CÔTES D'AGNEAU AUX PETITS POIS**

5 mn
15 mn

Mardi 30

**PÂTES AUX MERGUEZ**

5 mn
15 mn

Mercredi 1

**COURGETTES AU BOURSIN**

10 mn
10 mn
5 mn

Jeudi 2

**FARFALLES AU SAUMON**

10 mn
5 mn
5 mn

Vendredi 3

**CURRY DE LÉGUMES**

10 mn
15 mn

Samedi 4

**SALADE DE GÉSIERS CONFITS AUX POMMES DE TERRE**

10 mn
15 mn

Dimanche 5

**CANETTE AU MIEL ET AUX FIGUES**

10 mn
40 mn



96

# RECETTES

Pour 4 personnes

Faire revenir 5 mn en MD 6 côtes d'agneau + 1 oignon émincé avec 1 c. à s. d'huile. Ajouter 200 g de petits pois surgelés + 2 carottes en rondelles + 30 cl de fond de veau + sel + poivre. Cuire 7 mn SP.

Faire revenir 5 mn 6 merguez en morceaux + 1 oignon. Ajouter 2 courgettes en rondelles + 250 g de coquillettes + sel + poivre + 35 cl de bouillon de légumes. Cuire 7 mn SP.

Faire revenir 5 mn en MD 1 échalote émincée + 150 g de lardons fumés. Ajouter 6 courgettes en rondelles + sel + poivre + 50 cl d'eau. Cuire 5 mn SP. Mélanger avec 1 pot de Boursin Cuisine + de la ciboulette fraîche ciselée. Laisser en MC pendant 5 mn.

Cuire 5 mn SP 400 g de farfalles + 1 courgette en rondelles + 1 c. à s. d'huile d'olive + sel + poivre + 50 cl d'eau. Mélanger 100 g de mascarpone + 15 cl de crème liquide + 1 c. à s. de parmesan + 1 c. à s. d'aneth. Ajouter aux pâtes avec 200 g de saumon fumé en lamelles. Laisser 2 mn en MC.

Faire revenir 6 mn en MD 1 oignon émincé + 3 pommes de terre en cubes avec 1 c. à s. d'huile. Ajouter 3 courgettes et 2 carottes en rondelles + 200 g d'épinards en feuilles surgelés + 20 cl de crème de coco + 1 c. à s. de pâte de curry + 1 c. à c. de coriandre + sel + poivre + 20 cl d'eau. Cuire 8 mn SP.

Faire revenir 10 mn en MD 1 oignon et 1 échalote émincés + 300 g de gésiers confits et 5 pommes de terre en cubes. Saler, poivrer et ajouter 15 cl d'eau. Cuire 3 mn SP. Laisser refroidir et servir avec 1 salade verte.

Faire revenir 10 mn en MD 1 canette d'1,5 kg + 1 oignon émincé avec 1 c. à s. d'huile. Ajouter 4 carottes en rondelles + 300 g de figues séchées + 6 c. à s. de miel + 2 branches de thym + 30 cl de bouillon de volaille + sel + poivre. Cuire 30 mn SP. Ajouter 4 figues fraîches coupées en 4 et servir.

# COURSES

Pour 4 personnes

### CÔTES D'AGNEAU AUX PETITS POIS

200 g de petits pois surgelés, 6 côtes d'agneau, 2 carottes, 1 oignon, 30 cl de fond de veau, 1 c. à s. d'huile, sel, poivre.

### PÂTES AUX MERGUEZ

250 g de coquillettes, 6 merguez, 2 courgettes, 1 oignon, 35 cl de bouillon de légumes, sel, poivre.

### COURGETTES AU BOURSIN

6 courgettes, 1 échalote, 1 pot de Boursin Cuisine, 150 g de lardons fumés, ciboulette fraîche, sel, poivre.

### FARFALLES AU SAUMON

400 g de farfalles, 200 g de saumon fumé, 100 g de mascarpone, 15 cl de crème liquide, 1 courgette, 1 c. à s. de parmesan, 1 c. à s. d'aneth, 1 c. à s. d'huile d'olive, sel, poivre.

### CURRY DE LÉGUMES

200 g d'épinards en feuilles surgelés, 3 courgettes, 3 pommes de terre, 2 carottes, 1 oignon, 20 cl de crème de coco, 1 c. à s. de pâte de curry, 1 c. à c. de coriandre, 1 c. à s. d'huile, sel, poivre.

### SALADE DE GÉSIERS CONFITS AUX POMMES DE TERRE

300 g de gésiers confits, 5 pommes de terre, 1 salade verte, 1 oignon, 1 échalote, sel, poivre.

### CANETTE AU MIEL ET AUX FIGUES

1 canette d'1,5 kg, 6 c. à s. de miel, 300 g de figues séchées, 4 figues fraîches, 4 carottes, 1 oignon, 30 cl de bouillon de volaille, 2 branches de thym, 1 c. à s. d'huile, sel, poivre.

## Et aussi

# JUILLET

2020

Lundi 6

**JARRET DE PORC AUX LENTILLES**

10 mn
35 mn

Mardi 7

**POULET AU MIEL ET AUX HARICOTS VERTS**

15 mn
15 mn

Mercredi 8

**AUBERGINES ET POIVRONS À L'ÉCHALOTE**

15 mn
20 mn

Jeudi 9

**POÊLÉE DE BROCOLIS AUX CREVETTES**

5 mn
10 mn

Vendredi 10

**POULET ET COURGETTES AU PAPRIKA**

15 mn
15 mn
5 mn

Samedi 11

**CHOU-FLEUR À LA BOLOGNAISE**

10 mn
15 mn

Dimanche 12

**LÉGUMES D'ÉTÉ AUX LARDONS**

10 mn
15 mn



98

# RECETTES

Pour 4 personnes

Faire revenir 5 mn en MD 1 oignon émincé + 800 g de jarret de porc fumé avec 1 c. à s. d'huile. Ajouter 5 carottes en rondelles + 2 navets en morceaux + 250 g de lentilles crues + 1 bouquet garni + sel + poivre + 1 l d'eau. Cuire 30 mn SP.

Faire revenir 5 mn en MD 4 blancs de poulet en cubes + 1 oignon émincé avec 1 c. à s. d'huile. Ajouter 15 cl de vinaigre balsamique + 2 c. à s. de miel + 250 g de haricots verts frais équeutés + 150 g de champignons de Paris en lamelles + sel + poivre + 20 cl de bouillon de volaille. Cuire 10 mn SP.

Faire revenir 10 mn en MD 3 échalotes émincées + 5 aubergines coupées en dés avec 2 c. à s. d'huile d'olive. Ajouter 2 poivrons en cubes + 20 cl d'eau + sel + poivre. Cuire 6 mn SP.

Mettre dans la cuve 500 g de brocolis en fleurettes surgelés + 200 g de crevettes surgelées décortiquées + 25 cl de bouillon de légumes + du persil plat ciselé + sel + poivre. Cuire 8 mn SP.

Faire revenir 5 mn en MD 800 g de filets de poulet en morceaux + 1 oignon et 1 échalote émincés + 1 c. à s. de paprika avec 2 c. à s. d'huile d'olive. Ajouter 4 courgettes en rondelles + 15 cl d'eau + sel + poivre et cuire 10 mn SP. Ajouter 250 g de mascarpone. Laisser 5 mn en MC avant de servir.

Faire revenir 5 mn en MD 2 oignons émincés + 500 g de viande hachée avec 1 c. à s. d'huile. Ajouter 600 g de chou-fleur en fleurettes + 4 pommes de terre en cubes + 500 g de purée de tomates + 1 c. à s. d'origan + 1 c. à s. de persil + 1 c. à c. de cumin + sel + poivre + 20 cl d'eau. Cuire 10 mn SP.

Faire revenir 5 mn en MD 150 g de lardons fumés + 1 oignon émincé. Ajouter 4 courgettes en rondelles + 3 tomates en dés + 4 pommes de terre en cubes + 25 cl de fond de veau + 200 g de Boursin Cuisine ail et fines herbes + sel + poivre. Cuire 6 mn SP.

# COURSES

Pour 4 personnes

### JARRET DE PORC AUX LENTILLES

800 g de jarret de porc fumé, 250 g de lentilles crues, 5 carottes, 2 navets, 1 oignon, 1 bouquet garni, 1 c. à s. d'huile, sel, poivre.

### POULET AU MIEL ET AUX HARICOTS VERTS

4 blancs de poulet, 250 g de haricots verts frais, 150 g de champignons de Paris, 1 oignon, 2 c. à s. de miel, 20 cl de bouillon de volaille, 15 cl de vinaigre balsamique, 1 c. à s. d'huile, sel, poivre.

### AUBERGINES ET POIVRONS À L'ÉCHALOTE

5 aubergines, 2 poivrons, 3 échalotes, 2 c. à s. d'huile d'olive, sel, poivre.

### POÊLÉE DE BROCOLIS AUX CREVETTES

500 g de brocolis en fleurettes surgelés, 200 g de crevettes surgelées décortiquées, 25 cl de bouillon de légumes, persil plat, sel, poivre.

### POULET ET COURGETTES AU PAPRIKA

800 g de filets de poulet, 4 courgettes, 1 c. à s. de paprika, 1 oignon, 1 échalote, 250 g de mascarpone, 2 c. à s. d'huile d'olive, sel, poivre.

### CHOU-FLEUR À LA BOLOGNAISE

600 g de chou-fleur en fleurettes, 500 g de viande hachée, 500 g de purée de tomates, 4 pommes de terre, 2 oignons, 1 c. à s. d'origan, 1 c. à s. de persil, 1 c. à c. de cumin, 1 c. à s. d'huile, sel, poivre.

### LÉGUMES D'ÉTÉ AUX LARDONS

4 courgettes, 4 pommes de terre, 3 tomates, 1 oignon, 150 g de lardons fumés, 200 g de Boursin Cuisine ail et fines herbes, 25 cl de fond de veau, sel, poivre.

# Et aussi

# JUILLET

2020

Lundi 13

**SAUTÉ DE DINDE AUX ABRICOTS** 10 mn / 25 mn

Mardi 14

Fête nat. française

**MAGRETS DE CANARD AUX PÊCHES** 10 mn / 10 mn

Mercredi 15

**AUBERGINES À LA BOLOGNAISE** 10 mn / 15 mn

Jeudi 16

**PURÉE DE BROCOLIS AUX AMANDES** 10 mn / 10 mn

Vendredi 17

**POÊLÉE DE COURGETTES AU CHEDDAR** 10 mn / 15 mn

Samedi 18

**SOT-L'Y-LAISSE DE DINDE À LA PROVENÇALE** 10 mn / 20 mn

Dimanche 19

**RISOTTO AU LAIT DE COCO** 10 mn / 20 mn


100

# RECETTES
Pour 4 personnes

# COURSES
Pour 4 personnes

## SAUTÉ DE DINDE AUX ABRICOTS

Faire revenir 8 mn en MD 1 kg de sauté de dinde mélange à 1 c. à s. de Maïzena + 3 échalotes émincées avec 1 c. à s. d'huile. Ajouter 100 g d'abricots secs coupés en 4 + 50 cl de fond de volaille + 200 g de riz + sel + poivre. Cuire 15 mn SP. Ajouter 6 abricots coupés en 4 + 20 cl de crème liquide.

1 kg de sauté de dinde, 100 g d'abricots secs, 6 abricots, 3 échalotes, 200 g de riz, 50 cl de fond de volaille, 20 cl de crème liquide, 1 c. à s. de Maïzena, 1 c. à s. d'huile, sel, poivre.

## MAGRETS DE CANARD AUX PÊCHES

Faire revenir 4 mn en MD 2 magrets de canard coupés en tranches + 1 échalote émincée. Ajouter 3 c. à s. de miel + 4 pêches coupées en 6 + 10 cl de fond de volaille + sel + poivre. Cuire 3 mn SP.

2 magrets de canard, 4 pêches, 1 échalote, 10 cl de fond de volaille, 3 c. à s. de miel, sel, poivre.

## AUBERGINES À LA BOLOGNAISE

Faire revenir 5 mn en MD 500 g de viande hachée + 1 oignon émincé + 2 gousses d'ail hachées avec 1 c. à s. d'huile. Ajouter 3 aubergines en cubes + 700 g de purée de tomates + 1 c. à s. d'origan + 1 c. à s. d'herbes de Provence + 1 c. à s. de paprika + sel + poivre + 15 cl d'eau. Cuire 10 mn SP.

3 aubergines, 700 g de purée de tomates, 500 g de viande hachée, 1 oignon, 2 gousses d'ail, 1 c. à s. d'origan, 1 c. à s. d'herbes de Provence, 1 c. à s. de paprika, 1 c. à s. d'huile, sel, poivre.

## PURÉE DE BROCOLIS AUX AMANDES

Faire revenir 5 mn en MD 90 g d'amandes entières et les placer dans un récipient. Mettre dans la cuve 25 g de beurre + 60 g de poudre d'amandes + du persil plat ciselé + sel + poivre + 20 cl d'eau. Cuire 5 mn SP avec 600 g de brocolis en fleurettes surgelés dans le panier vapeur. Mixer le tout et servir avec les amandes torréfiées.

600 g de brocolis en fleurettes surgelés, 90 g d'amandes entières, 60 g de poudre d'amandes, 25 g de beurre, persil plat, sel, poivre.

## POÊLÉE DE COURGETTES AU CHEDDAR

Faire revenir 5 mn en MD 150 g de lardons fumés + 4 courgettes en rondelles. Ajouter 3 pommes de terre en cubes – 25 cl de bouillon de veau + de la ciboulette ciselée + sel + poivre. Déposer 15 tranches de cheddar sur le dessus et cuire 8 mn SP.

4 courgettes, 3 pommes de terre, 5 tranches de cheddar, 150 g de lardons fumés, 25 cl de bouillon de veau, ciboulette, sel, poivre.

## SOT-L'Y-LAISSE DE DINDE À LA PROVENÇALE

Faire revenir 5 mn en MD 600 g de sot-l'y-laisse de dinde + 1 oignon émincé avec 1 c. à s. d'huile d'olive. Ajouter 10 cl de vin blanc et cuire 2 mn en MD. Ajouter 2 poivrons en lamelles + 2 tomates en dés + 250 g de riz + 50 cl de bouillon de volaille + sel + poivre. Cuire 10 mn SP. Mélanger avec 200 g de crème épaisse et servir.

600 g de sot-l'y-laisse de dinde, 250 g de riz, 2 poivrons, 2 tomates, 1 oignon, 200 g de crème épaisse, 50 cl de bouillon de volaille, 10 cl de vin blanc, 1 c. à s. d'huile d'olive, sel, poivre.

## RISOTTO AU LAIT DE COCO

Faire revenir 5 mn en MD 2 échalotes émincées avec 1 c. à s. d'huile. Ajouter 250 g de riz Arborio et cuire 2 mn en MD. Ajouter 2 courgettes coupées en dés + 50 cl de bouillon de veau + 20 cl de lait de coco + 1 c. à c. de paprika + 1 c. à c. de curry + sel + poivre. Cuire 9 mn SP.

250 g de riz Arborio, 2 courgettes, 2 échalotes, 50 cl de bouillon de veau, 20 cl de lait de coco, 1 c. à c. de paprika, 1 c. à c. de curry, 1 c. à s. d'huile, sel, poivre.

## Et aussi

# JUILLET

2020

Lundi
**20**
**FILET MIGNON AUX CERISES**
10 mn
15 mn

Mardi
**21**
**ÉMINCÉ DE DINDE AUX POMMES DE TERRE**
10 mn
15 mn

Mercredi
**22**
**PIPERADE**
10 mn
20 mn

Jeudi
**23**
**RISOTTO AU FENOUIL**
10 mn
20 mn

Vendredi
**24**
**POÊLÉE DE COURGETTES AU CHÈVRE**
10 mn
15 mn
5 mn

Samedi
**25**
**COLOMBO DE POULET ALLÉGÉ**
15 mn
15 mn

Dimanche
**26**
**LÉGUMES À LA MÉDITERRANÉENNE**
15 mn
15 mn

# RECETTES

Pour 4 personnes

Faire revenir 5 mn en MD 1 filet mignon tranché avec 1 c. à s. d'huile. Ajouter 1 gousse d'ail hachée + 100 g de cerises dénoyautées + 10 cl de vin rouge + 15 cl de fond de veau + 1 pincée de cannelle + 1 c. à s. de miel + sel + poivre. Cuire 7 mn SP.

Faire revenir 5 mn en MD 4 escalopes de dinde en morceaux + 1 oignon émincé avec 1 c. à s. d'huile. Ajouter 6 pommes de terre en cubes + 1 poivron en lamelles + 25 cl de bouillon de volaille + 2 c. à s. de moutarde + persil + sel + poivre. Cuire 8 mn SP. Mélanger avec 20 cl de crème liquide et servir.

Faire revenir 5 mn en MD 2 oignons et 1 gousse d'ail émincés. Ajouter 4 tomates et 4 poivrons coupés en dés + 1 c. à s. de piment d'Espelette + 10 cl d'eau + sel + poivre. Cuire 10 mn SP. Ajouter 4 œufs battus en omelette et laisser 5 mn en MC.

Faire revenir 5 mn en MD 1 échalote émincée avec 1 c. à s. d'huile. Ajouter 250 g de riz Arborio et cuire 2 mn en MD. Ajouter 1 fenouil en petits morceaux + 50 cl de bouillon de légumes + sel + poivre. Cuire 12 mn SP et servir avec 50 g de parmesan.

Faire revenir 5 mn en MD 1 oignon émincé + 150 g de lardons fumés. Ajouter 6 courgettes en rondelles + 15 cl de bouillon de légumes + sel + poivre. Cuire 6 mn SP. Mélanger avec 125 g de chèvre frais + du persil plat ciselé. Laisser 5 mn en MC et servir.

Faire revenir 5 mn en MD 400 g de blancs de poulet en cubes + 1 oignon émincé avec 1 c. à s. d'huile. Ajouter 4 pommes de terre et 4 carottes en morceaux + 1 c. à c. de gingembre + c. à s. de colombo en poudre + 50 cl de lait de coco + sel + poivre + 20 cl de bouillon de volaille. Cuire 8 mn SP.

Faire revenir 5 mn en MD 1 oignon et 1 gousse d'ail émincés avec 1 c. à s. d'huile. Ajouter 6 pommes de terre et 2 courgettes en cubes + 1 poivron en lamelles + 40 cl de bouillon de légumes + 1 c. à s. d'herbes de Provence + 1 c. à s. de coriandre + sel + poivre. Cuire 10 mn SP.



# COURSES

Pour 4 personnes

**FILET MIGNON AUX CERISES**
1 filet mignon, 100 g de cerises dénoyautées, 1 gousse d'ail, 15 cl de fond de veau, 10 cl de vin rouge, 1 c. à s. de miel, 1 c. à s. d'huile, 1 pincée de cannelle, sel, poivre.

**ÉMINCÉ DE DINDE AUX POMMES DE TERRE**
4 escalopes de dinde, 6 pommes de terre, 1 poivron, 1 oignon, 25 cl de bouillon de volaille, 20 cl de crème liquide, 2 c. à s. de moutarde, persil, 1 c. à s. d'huile, sel, poivre.

**PIPERADE**
4 poivrons, 4 tomates, 2 oignons, 1 gousse d'ail, 4 œufs, 1 c. à s. de piment d'Espelette, sel, poivre.

**RISOTTO AU FENOUIL**
250 g de riz Arborio, 1 fenouil, 1 échalote, 50 cl de bouillon de légumes, 50 g de parmesan, 1 c. à s. d'huile, sel, poivre.

**POÊLÉE DE COURGETTES AU CHÈVRE**
6 courgettes, 125 g de chèvre frais, 150 g de lardons fumés, 1 oignon, 15 cl de bouillon de légumes, persil plat, sel, poivre.

**COLOMBO DE POULET ALLÉGÉ**
400 g de blancs de poulet, 4 pommes de terre, 4 carottes, 1 oignon, 50 cl de lait de coco, 20 cl de bouillon de volaille, 1 c. à s. de colombo en poudre, 1 c. à c. de gingembre, 1 c. à s. d'huile, sel, poivre.

**LÉGUMES À LA MÉDITERRANÉENNE**
6 pommes de terre, 2 courgettes, 1 poivron, 1 oignon, 1 gousse d'ail, 40 cl de bouillon de légumes, 1 c. à s. d'herbes de Provence, 1 c. à s. de coriandre, 1 c. à s. d'huile, sel, poivre.

# Et aussi

# JUILLET/AOÛT 2020

Lundi
27

**STEAKS HACHÉS ET HARICOTS VERTS**

10 mn
15 mn

Mardi
28

**PETITS POIS À LA PARISIENNE**

10 mn
15 mn

Mercredi
29

**PÂTES À LA SAUCE TOMATE**

5 mn
20 mn

Jeudi
30

**GNOCCHIS AU SAUMON**

10 mn
10 mn

Vendredi
31

**POÊLÉE DE POIREAUX ET DE POMMES DE TERRE**

10 mn
15 mn

Samedi
1

**HACHIS PARMENTIER DE CANARD**

20 mn
30 mn

Dimanche
2

**ŒUFS COCOTTE AU CAMEMBERT**

10 mn
5 mn



104

# RECETTES

Pour 4 personnes

Faire revenir 5 mn en MD 4 steaks hachés en morceaux + 1 échalote et 1 gousse d'ail émincées avec 1 c. à s. d'huile. Ajouter 200 g de haricots verts équeutés + 3 pommes de terre en cubes + du persil ciselé + sel + poivre + 1 pot de cancoillotte + 20 cl d'eau. Cuire 8 mn SP.

Faire revenir 6 mn en MD 150 g de lardons + 1 oignon et 1 échalote émincés. Ajouter 500 g de petits pois surgelés + 3 carottes en rondelles + 1 bouquet garni + sel + poivre + 40 cl d'eau. Cuire 7 mn SP.

Faire revenir 10 mn en MD 400 g de boulettes de viande + 1 oignon émincé avec 1 c. à s. d'huile. Ajouter 400 g de pâtes + 500 g de purée de tomates + 1 c. à s. d'herbes de Provence + 1 c. à s. d'origan + 1 c. à c. de paprika + 1 pincée de piment d'Espelette + sel + poivre + 30 cl d'eau. Cuire 6 mn SP.

Faire revenir 5 mn en MD 1 échalote émincée + 500 g de gnocchis de pomme de terre avec 25 g de beurre. Ajouter 4 tranches de saumon fumé en lamelles + 1 pot de Boursin Cuisine ail et fines herbes + de la ciboulette ciselée + sel + poivre + 20 cl d'eau. Cuire 5 mn SP.

Faire revenir 5 mn en MD 1 oignon émincé + 4 blancs de poireaux en rondelles. Ajouter 8 pommes de terre en cubes + 2 tomates en dés + 30 cl de bouillon de légumes + du persil ciselé + sel + poivre. Cuire 10 mn SP.

Faire revenir 9 mn en MD 2 cuisses de canard confites + 2 gousses d'ail hachées + persil. Retirer et effilocher les cuisses. Mettre 20 cl d'eau dans la cuve et cuire 9 mn SP 1 kg de pommes de terre en cubes dans le panier vapeur. Écraser avec 25 g de beurre + 20 cl de lait + sel + poivre. Dans 1 plat, mettre 1 couche de purée, 1 couche de viande et 1 couche de purée. Enfourner 10 mn à 200 °C.

Dans 4 ramequins, répartir dans cet ordre : 1 c. à s. de crème épaisse + 75 g de lardons fumés + 1 œuf + 1 c. à s. de crème épaisse + ½ camembert sans croûte coupé en 4 parts + sel + poivre + du persil ciselé. Mettre 20 cl d'eau dans la cuve et cuire dans le panier vapeur 3 mn SP.

# COURSES

Pour 4 personnes

### STEAKS HACHÉS ET HARICOTS VERTS

4 steaks hachés, 200 g de haricots verts, 3 pommes de terre, 1 échalote, 1 gousse d'ail, 1 pot de cancoillotte, persil, 1 c. à s. d'huile, sel, poivre.

### PETITS POIS À LA PARISIENNE

500 g de petits pois surgelés, 3 carottes, 1 oignon, 1 échalote, 150 g de lardons, 1 bouquet garni, sel, poivre.

### PÂTES À LA SAUCE TOMATE

400 g de pâtes, 400 g de boulettes de viande, 500 g de purée de tomates, 1 oignon, 1 c. à s. d'herbes de Provence, 1 c. à s. d'origan, 1 c. à c. de paprika, 1 pincée de piment d'Espelette, 1 c. à s. d'huile, sel, poivre.

### GNOCCHIS AU SAUMON

500 g de gnocchis de pomme de terre, 4 tranches de saumon fumé, 1 pot de Boursin Cuisine ail et fines herbes, 25 g de beurre, 1 échalote, ciboulette, sel, poivre.

### POÊLÉE DE POIREAUX ET DE POMMES DE TERRE

4 blancs de poireaux, 8 pommes de terre, 2 tomates, 1 oignon, 30 cl de bouillon de légumes, persil, sel, poivre.

### HACHIS PARMENTIER DE CANARD

1 kg de pommes de terre, 2 gousses d'ail, 2 cuisses de canard confites, 25 g de beurre, 20 cl de lait, persil, sel, poivre.

### ŒUFS COCOTTE AU CAMEMBERT

4 œufs, ½ camembert, 75 g de lardons fumés, 8 c. à s. de crème épaisse, persil, sel, poivre.

## Et aussi

# AOÛT

2020

Lundi 3

**RISOTTO AUX POIREAUX ET AUX BOULETTES DE VIANDE**

10 mn
15 mn

Mardi 4

**POMMES DE TERRE AU PAPRIKA**

10 mn
20 mn

Mercredi 5

**COQUILLETTES ET KNACKI À LA CRÈME**

5 mn
5 mn

Jeudi 6

**FILETS DE MERLU À LA PROVENÇALE**

15 mn
10 mn

Vendredi 7

**FILET MIGNON À LA BIÈRE**

15 mn
20 mn

Samedi 8

**GRATIN DE POMMES DE TERRE**

15 mn
30 mn

Dimanche 9

**TERRINE DE COURGETTES**

20 mn
45 mn



106

# RECETTES

Pour 4 personnes

Faire revenir 2 mn en MD 1 échalote émincée avec 1 c. à s. d'huile. Ajouter 250 g de riz Arborio et cuire 2 mn en MD. Ajouter 2 blancs de poireaux en rondelles + 50 cl de bouillon de légumes + 250 g de boulettes de bœuf surgelées + sel + poivre. Cuire 10 mn SP. Mélanger avec 60 g de parmesan et servir.

Faire revenir 15 mn en MD 150 g de lardons fumés + 6 pommes de terre en cubes + 1 oignon émincé. Mélanger avec 1 c. à s. de paprika et ajouter 1 poivron rouge en lamelles + sel + poivre + 10 cl d'eau. Cuire 3 mn SP.

Dans la cuve, mettre 250 g de coquillettes + 8 Knacki coupées en morceaux + 400 g de purée de tomates + 200 g de mascarpone + 2 c. à s. d'herbes de Provence + 15 cl d'eau + sel + poivre. Bien mélanger et cuire 5 mn SP.

Faire revenir 5 mn en MD 2 poivrons en dés + 1 échalote et 1 gousse d'ail hachées avec 1 c. à s. d'huile. Ajouter 2 tomates en dés + le jus d'1 citron + 10 cl de vin blanc + 10 cl d'eau + 1 c. à c. de paprika + sel + poivre + 4 filets de merlu. Cuire 5 mn SP. Mélanger avec 20 cl de crème semi-épaisse et servir.

Faire revenir 6 mn en MD 1 filet mignon de porc en tranches + 1 oignon émincé avec 1 c. à s. d'huile. Ajouter 4 pommes de terre en cubes + 2 carottes en rondelles + 20 cl de bière brune + 3 c. à s. de miel + persil + sel + poivre + 15 cl d'eau. Cuire 13 mn SP.

Faire revenir 9 mn en MD 2 saucisses de Montbéliard en rondelles + 1 oignon émincé + 75 g de lardons. Ajouter 1 kg de pommes de terre en rondelles + 1 c. à c. de piment d'Espelette + 30 cl d'eau + sel + poivre. Cuire 8 mn SP. Mélanger dans 1 plat avec 20 cl de crème liquide et enfourner 10 mn à 200 °C.

Cuire 15 mn en MD 1,5 kg de courgettes en dés + 1 oignon et 1 échalote émincés avec 1 c. à s. d'huile d'olive. Mixer. Ajouter 120 g de pain de mie sans croûte préalablement trempé dans 10 cl de lait + 4 œufs battus + 1 bouquet de persil plat ciselé + sel + poivre. Verser dans 1 moule. Mettre 20 cl d'eau dans la cuve et cuire 30 mn dans le panier vapeur.



# COURSES

Pour 4 personnes

### RISOTTO AUX POIREAUX ET AUX BOULETTES DE VIANDE

250 g de riz Arborio, 2 blancs de poireaux, 250 g de boulettes de bœuf surgelées, 1 échalote, 50 cl de bouillon de légumes, 60 g de parmesan, 1 c. à s. d'huile, sel, poivre.

### POMMES DE TERRE AU PAPRIKA

6 pommes de terre, 1 poivron rouge, 1 oignon, 150 g de lardons fumés, 1 c. à s. de paprika, sel, poivre.

### COQUILLETTES ET KNACKI À LA CRÈME

250 g de coquillettes, 8 Knacki, 200 g de mascarpone, 400 g de purée de tomates, 2 c. à s. d'herbes de Provence, sel, poivre.

### FILETS DE MERLU À LA PROVENÇALE

4 filets de merlu, 2 poivrons, 2 tomates, 1 échalote, 1 gousse d'ail, 1 citron, 20 cl de crème semi-épaisse, 10 cl de vin blanc, 1 c. à c. de paprika, 1 c. à s. d'huile, sel, poivre.

### FILET MIGNON À LA BIÈRE

1 filet mignon de porc, 20 cl de bière brune, 4 pommes de terre, 2 carottes, 1 oignon, 3 c. à s. de miel, persil, 1 c. à s. d'huile, sel, poivre.

### GRATIN DE POMMES DE TERRE

1 kg de pommes de terre, 1 oignon, 2 saucisses de Montbéliard, 75 g de lardons, 20 cl de crème liquide, 1 c. à c. de piment d'Espelette, sel, poivre.

### TERRINE DE COURGETTES

1,5 kg de courgettes, 1 oignon, 1 échalote, 120 g de pain de mie sans croûte, 4 œufs, 10 cl de lait, 1 bouquet de persil plat, 1 c. à s. d'huile d'olive, sel, poivre.

## Et aussi

# AOÛT

2020

Lundi **10**

**HARICOTS BLANCS AU CHORIZO**

15 mn
25 mn
12 h

Mardi **11**

**POMMES DE TERRE AUX CHIPOLATAS**

10 mn
15 mn

Mercredi **12**

**ONE POT PASTA AU POULET**

15 mn
10 mn

Jeudi **13**

**MIJOTÉ DE GAMBAS AU LAIT DE COCO**

10 mn
10 mn

Vendredi **14**

**POIS CHICHES AU MASSALÉ**

10 mn
10 mn

Samedi **15**

Assomption

**PARMENTIER DE POISSON**

20 mn
10 mn

Dimanche **16**

**FLANS AUX LARDONS ET AU COMTÉ**

10 mn
15 mn
10 mn


108

# RECETTES

Pour 4 personnes

Faire revenir 5 mn en MD 1 oignon émincé + 1 chorizo doux en rondelles. Ajouter 500 g de haricots blancs secs préalablement trempés dans l'eau pendant 12 h + 5 tomates en dés + 2 carottes en rondelles + 25 cl de bouillon de légumes + 1 bouquet garni + sel + poivre. Cuire 20 mn SP.

Faire revenir 5 mn en MD 6 chipolatas en morceaux + 2 oignons émincés. Ajouter 8 pommes de terre en cubes + 10 cl de bouillon de volaille + 2 c. à s. d'herbes de Provence + 1 c. à s. de persil + sel + poivre. Cuire 8 mn SP.

Faire revenir 5 mn en MD 2 escalopes de poulet en cubes + 2 poivrons en dés avec 1 c. à s. d'huile. Ajouter 350 g de penne + 1 courgette en rondelles + 100 g de champignons de Paris en lamelles + 45 cl de bouillon de légumes + sel + poivre. Cuire 5 mn SP.

Faire revenir 2 mn en MD 2 échalotes émincées avec 1 c. à s. d'huile. Ajouter 2 blancs de poireaux et 2 carottes en rondelles + 12 gambas crues décortiquées + 1 c. à c. de curcuma + 25 cl de lait de coco + sel + poivre. Cuire 4 mn SP.

Faire revenir 5 mn en MD 2 tomates en dés + 1 oignon émincé + 1 gousse d'ail hachée + 1 c. à s. de massalé + 1 c. à c. de cannelle + 1 c. à c. de paprika. Ajouter 400 g de pois chiches en conserve + 1 c. à s. de coriandre + sel + poivre + 10 cl d'eau. Cuire 2 mn SP.

Déposer dans la cuve 1 kg de pommes de terre en fines rondelles + 1 gousse d'ail hachée + 15 cl de crème liquide + 1 pincée de noix de muscade + 25 g de beurre en dés + sel + poivre + 10 cl d'eau + 4 filets de cabillaud. Cuire 10 mn SP. Écraser la préparation et servir.

Battre 6 œufs avec 150 g de lardons fumés préalablement dorés 2 mn en MD + 20 cl de crème liquide + 150 g de comté râpé + sel + poivre + du persil ciselé. Répartir la préparation dans 4 ramequins. Verser 20 cl d'eau dans la cuve et cuire 12 mn SP dans le panier vapeur. Laisser refroidir 10 mn avant de servir.



# COURSES

Pour 4 personnes

**HARICOTS BLANCS AU CHORIZO**
500 g de haricots blancs secs, 1 chorizo doux, 5 tomates, 2 carottes, 1 oignon, 25 cl de bouillon de légumes, 1 bouquet garni, sel, poivre.

**POMMES DE TERRE AUX CHIPOLATAS**
8 pommes de terre, 6 chipolatas, 2 oignons, 10 cl de bouillon de volaille, 2 c. à s. d'herbes de Provence, 1 c. à s. de persil, sel, poivre.

**ONE POT PASTA AU POULET**
350 g de penne, 2 escalopes de poulet, 100 g de champignons de Paris, 2 poivrons, 1 courgette, 45 cl de bouillon de légumes, 1 c. à s. d'huile, sel, poivre.

**MIJOTÉ DE GAMBAS AU LAIT DE COCO**
12 gambas crues décortiquées, 25 cl de lait de coco, 2 blancs de poireaux, 2 carottes, 2 échalotes, 1 c. à c. de curcuma, 1 c. à s. d'huile, sel, poivre.

**POIS CHICHES AU MASSALÉ**
400 g de pois chiches en conserve, 2 tomates, 1 oignon, 1 gousse d'ail, 1 c. à s. de massalé, 1 c. à s. de coriandre, 1 c. à c. de cannelle, 1 c. à c. de paprika, sel, poivre.

**PARMENTIER DE POISSON**
1 kg de pommes de terre, 4 filets de cabillaud, 1 gousse d'ail, 25 g de beurre, 15 cl de crème liquide, 1 pincée de noix de muscade, sel, poivre.

**FLANS AUX LARDONS ET AU COMTÉ**
150 g de lardons fumés, 150 g de comté râpé, 6 œufs, 20 cl de crème liquide, sel, poivre, persil.

## Et aussi

# AOÛT

2020

Lundi 17

**CUISSES DE CANARD AU MIEL**

5 mn
20 mn

Mardi 18

**RÔTI DE PORC AU CURRY**

10 mn
35 mn

Mercredi 19

**RIZ AUX POIVRONS**

10 mn
15 mn

Jeudi 20

**QUINOA AUX LÉGUMES ET AUX CREVETTES**

10 mn
10 mn

Vendredi 21

**ESCALOPES DE POULET AUX BROCOLIS**

15 mn
15 mn

Samedi 22

**PAELLA EXPRESS**

15 mn
25 mn

Dimanche 23

**PENNE À LA BOLOGNAISE**

5 mn
10 mn


110

# RECETTES

Pour 4 personnes

# COURSES

Pour 4 personnes

Faire revenir 5 mn en MD 2 échalotes émincées + 4 cuisses de canard côté peau et 2 mn de l'autre côté avec 2 c. à s. d'huile d'olive. Ajouter 25 cl de fond de veau + 3 c. à s. de miel liquide + 2 c. à s. de vinaigre balsamique + sel + poivre. Cuire 10 mn SP. Servir avec 300 g de pommes de terre sautées.

### CUISSES DE CANARD AU MIEL

4 cuisses de canard, 3 c. à s. de miel liquide, 300 g de pommes de terre sautées, 2 échalotes, 25 cl de fond de veau, 2 c. à s. de vinaigre balsamique, 2 c. à s. d'huile d'olive, sel, poivre.

Faire revenir 5 mn en MD 1 rôti de porc sur toutes ses faces + 1 oignon émincé avec 1 c. à s. d'huile. Mélanger avec 1 c. à s. de Maïzena. Ajouter 4 pommes de terre en morceaux + 2 carottes en rondelles + 1 c. à s. de pâte de curry + 35 cl de bouillon de volaille + sel + poivre. Cuire 30 mn SP.

### RÔTI DE PORC AU CURRY

1 rôti de porc, 1 c. à s. de pâte de curry, 4 pommes de terre, 2 carottes, 1 oignon, 35 cl de bouillon de volaille, 1 c. à s. d'huile, 1 c. à s. de Maïzena, sel, poivre.

Faire revenir 7 mn en MD 1 échalote émincée + 1 gousse d'ail hachée + 3 poivrons en lamelles avec 2 c. à s. d'huile d'olive. Ajouter 250 g de riz + 50 cl de bouillon de légumes + 1 c. à c. rase de piment d'Espelette + sel + poivre. Cuire 6 mn SP.

### RIZ AUX POIVRONS

250 g de riz, 3 poivrons, 1 échalote, 1 gousse d'ail, 50 cl de bouillon de légumes, 1 c. à c. rase de piment d'Espelette, 2 c. à s. d'huile d'olive, sel, poivre.

Cuire 8 mn SP 250 g de quinoa + 1 courgette en fines rondelles + 1 carotte en dés + 100 g de champignons de Paris en lamelles + 300 g de crevettes crues décortiquées surgelées + 20 cl de fumet de poisson + 3 c. à s. de sauce soja sucrée + sel + poivre.

### QUINOA AUX LÉGUMES ET AUX CREVETTES

250 g de quinoa, 100 g de champignons de Paris, 1 courgette, 1 carotte, 300 g de crevettes crues décortiquées surgelées, 20 cl de fumet de poisson, 3 c. à s. de sauce soja sucrée, sel, poivre.

Cuire 4 mn SP 500 g de brocolis en fleurettes + 20 cl d'eau dans le panier vapeur. Retirer. Faire revenir 6 mn en MD 4 escalopes de poulet en cubes + 2 échalotes émincées + 1 poivron en dés avec 1 c. à s. d'huile. Ajouter les brocolis + 1 tomate en dés + 1 c. à c. de paprika + sel + poivre + 20 cl d'eau. Cuire 5 mn SP.

### ESCALOPES DE POULET AUX BROCOLIS

4 escalopes de poulet, 500 g de brocolis en fleurettes, 1 poivron, 1 tomate, 2 échalotes, 1 c. à c. de paprika, 1 c. à s. d'huile, sel, poivre.

Faire revenir 10 mn en MD 4 pilons de poulet + 1 chorizo en rondelles + 2 poivrons en lamelles avec 1 c. à s. d'huile. Ajouter 200 g de fruits de mer surgelés + 90 g de petits pois surgelés + 4 tomates en dés + 2 doses de safran + 600 g de riz + sel + poivre + 1,5 l d'eau. Cuire 15 mn SP.

### PAELLA EXPRESS

600 g de riz, 200 g de fruits de mer surgelés, 90 g de petits pois surgelés, 4 pilons de poulet, 1 chorizo, 4 tomates, 2 poivrons, 2 doses de safran, 1 c. à s. d'huile, sel, poivre.

Faire revenir 5 mn en MD 500 g de viande hachée + 2 oignons émincés avec 1 c. à s. d'huile. Ajouter 300 g de penne + 500 g de purée de tomates + 2 c. à s. d'herbes de Provence + 1 c. à s. d'origan + 1 c. à c. de paprika + 1 c. à c. de miel + sel + poivre + 50 cl d'eau. Cuire 5 mn SP.

### PENNE À LA BOLOGNAISE

300 g de penne, 500 g de viande hachée, 500 g de purée de tomates, 2 oignons, 2 c. à s. d'herbes de Provence, 1 c. à s. d'origan, 1 c. à c. de paprika, 1 c. à c. de miel, 1 c. à s. d'huile, sel, poivre.



111

## Et aussi

# AOÛT

2020

Lundi 24

**RÔTI DE DINDE À LA TOMATE**

10 mn
25 mn

Mardi 25

**FILET MIGNON AU PORTO**

15 mn
25 mn

Mercredi 26

**RIZ AUX CHIPOLATAS**

10 mn
15 mn

Jeudi 27

**MOULES À LA PROVENÇALE**

10 mn
10 mn

Vendredi 28

**POÊLÉE DE LÉGUMES D'ÉTÉ**

15 mn
10 mn

Samedi 29

**POULET AU CURRY ET À L'ANANAS**

15 mn
20 mn

Dimanche 30

**FARFALLES AU CHORIZO**

10 mn
15 mn


112

# RECETTES

Pour 4 personnes

Faire revenir 5 mn en MD 1 rôti de dinde + 2 gousses d'ail et 1 échalote émincées avec 20 g de beurre. Ajouter 500 g de tomates pelées en conserve + 10 feuilles de basilic ciselées + 10 cl de bouillon de volaille + sel + poivre. Cuire 20 mn SP. Servir avec 250 g de riz.

Faire revenir 5 mn en MD 1 filet mignon de veau coupé en tranches + 1 oignon et 1 échalote émincés avec 1 c. à s. d'huile. Ajouter 8 cl de porto + 4 carottes en rondelles + 4 pommes de terre en cubes + 15 cl de fond de veau + 1 c. à s. de thym + sel + poivre. Cuire 20 mn SP.

Faire revenir 5 mn en MD 6 chipolatas en morceaux + 1 oignon émincé. Ajouter 250 g de riz blanc + 2 carottes en rondelles + 60 g de petits pois surgelés + 50 cl de fond de veau + sel + poivre. Cuire 7 mn SP.

Faire revenir 5 mn en MD 2 oignons et 2 gousses d'ail émincés avec 2 c. à s. d'huile d'olive. Ajouter 3 tomates en dés + 1 poivron en lamelles + 2 c. à s. d'herbes de Provence + sel + poivre + 1,5 l de moules + 15 cl d'eau. Cuire 3 mn SP.

Faire revenir 5 mn en MD 500 g de viande hachée + 1 oignon émincé avec 1 c. à s. d'huile d'olive. Ajouter 5 courgettes, 2 aubergines et 2 tomates coupées en dés + 2 c. à s. d'herbes de Provence + sel + poivre + 15 cl d'eau. Cuire 5 mn SP.

Faire revenir 10 mn en MD 6 hauts de cuisses de poulet + 1 oignon émincé avec 1 c. à s. d'huile. Ajouter 250 g de riz + 1 poivron en dés + 6 rondelles d'ananas en morceaux + 4 tomates en dés + 1 c. à s. de curry + 50 cl de bouillon de volaille + sel + poivre. Cuire 10 mn SP.

Faire revenir 5 mn en MD 1 chorizo en rondelles + 2 poivrons en lamelles avec 1 c. à s. d'huile. Ajouter 4 tomates en dés + 70 g de concentré de tomates + 2 c. à s. d'herbes de Provence + sel + poivre + 500 g de farfalles + 60 cl d'eau. Cuire 6 mn SP.

# COURSES

Pour 4 personnes

**RÔTI DE DINDE À LA TOMATE**

1 rôti de dinde, 500 g de tomates pelées en conserve, 250 g de riz, 10 feuilles de basilic, 1 échalote, 2 gousses d'ail, 10 cl de bouillon de volaille, 20 g de beurre, sel, poivre.

**FILET MIGNON AU PORTO**

1 filet mignon de veau, 8 cl de porto, 4 carottes, 4 pommes de terre, 1 oignon, 1 échalote, 15 cl de fond de veau, 1 c. à s. de thym, 1 c. à s. d'huile, sel, poivre.

**RIZ AUX CHIPOLATAS**

250 g de riz blanc, 6 chipolatas, 60 g de petits pois surgelés, 2 carottes, 1 oignon, 50 cl de fond de veau, sel, poivre.

**MOULES À LA PROVENÇALE**

1,5 l de moules, 3 tomates, 1 poivron, 2 oignons, 2 gousses d'ail, 2 c. à s. d'herbes de Provence, 2 c. à s. d'huile d'olive, sel, poivre.

**POÊLÉE DE LÉGUMES D'ÉTÉ**

5 courgettes, 2 aubergines, 2 tomates, 1 oignon, 500 g de viande hachée, 2 c. à s. d'herbes de Provence, 1 c. à s. d'huile d'olive, sel, poivre.

**POULET AU CURRY ET À L'ANANAS**

6 hauts de cuisses de poulet, 1 c. à s. de curry, 6 rondelles d'ananas, 250 g de riz, 4 tomates, 1 poivron, 1 oignon, 50 cl de bouillon de volaille, 1 c. à s. d'huile, sel, poivre.

**FARFALLES AU CHORIZO**

500 g de farfalles, 1 chorizo, 70 g de concentré de tomates, 4 tomates, 2 poivrons, 2 c. à s. d'herbes de Provence, 1 c. à s. d'huile, sel, poivre.


113

# BONUS

# CALENDRIER DES

| | abricot | cerise | fraise | framboise | melon | nectarine | pêche | poire | pomme | prune | raisin | ail | artichaut | asperge | aubergine |
|---|---|---|---|---|---|---|---|---|---|---|---|---|---|---|---|
| **JANVIER** | | | | | | | | ● | ● | | | | | | |
| **FÉVRIER** | | | | | | | | | ● | | | | | | |
| **MARS** | | | | | | | | | ● | | | | | | |
| **AVRIL** | | | | | | | | | ● | | | ● | | ● | |
| **MAI** | | | ● | | | | | | | | | ● | | ● | ● |
| **JUIN** | | ● | ● | ● | ● | ● | ● | | | | | ● | ● | ● | ● |
| **JUILLET** | ● | ● | ● | ● | ● | ● | ● | | | ● | | ● | ● | | ● |
| **AOÛT** | ● | ● | ● | ● | ● | ● | ● | ● | | ● | | ● | ● | | ● |
| **SEPTEMBRE** | | | | ● | | ● | ● | ● | | ● | ● | | ● | | ● |
| **OCTOBRE** | | | | | | | | ● | ● | ● | ● | | | | |
| **NOVEMBRE** | | | | | | | | ● | ● | | | | | | |
| **DÉCEMBRE** | | | | | | | | ● | ● | | | | | | |

# FRUITS ET LÉGUMES

| carotte | chou | chou-fleur | concombre | courge | courgette | haricot vert | mâche | navet | oignon | petit pois | poireau | poivron | pomme de terre | potiron | radis | salade | tomate |
|---|---|---|---|---|---|---|---|---|---|---|---|---|---|---|---|---|---|
| ● | ● |  |  | ● |  |  | ● |  | ● |  |  |  | ● |  |  | ● |  |
| ● | ● |  |  |  |  |  | ● |  | ● |  |  |  | ● |  |  | ● |  |
| ● | ● |  |  |  |  |  |  |  | ● |  |  |  |  |  |  | ● |  |
| ● | ● |  |  |  |  |  |  |  | ● |  |  |  |  |  | ● | ● |  |
| ● | ● | ● | ● |  |  |  |  |  | ● |  |  |  | ● |  | ● | ● | ● |
| ● | ● | ● | ● |  | ● | ● |  | ● | ● | ● |  | ● | ● |  | ● | ● | ● |
| ● | ● | ● | ● |  | ● | ● |  | ● | ● | ● | ● | ● | ● | ● | ● | ● | ● |
| ● | ● | ● | ● | ● | ● | ● |  | ● | ● |  | ● | ● | ● | ● |  | ● | ● |
| ● | ● | ● | ● | ● | ● | ● |  | ● | ● |  | ● | ● | ● | ● |  | ● | ● |
| ● | ● | ● |  | ● |  |  |  |  | ● |  | ● | ● | ● | ● |  | ● |  |
| ● | ● |  |  | ● |  |  | ● |  | ● |  |  |  | ● |  |  | ● |  |
| ● | ● |  |  | ● |  |  | ● |  | ● |  |  |  | ● |  |  | ● |  |

# ENTRÉES

## RECETTES DE BASE AU COOKEO

### CAVIAR D'AUBERGINES À LA GRECQUE

**Ingrédients (4 personnes) :**

- 600 g d'aubergines
- 2 gousses d'ail
- 2 échalotes
- 1 c. à c. d'origan
- 15 ml d'huile d'olive
- Sel, poivre

**Préparation :**

Éplucher et couper les aubergines, les échalotes et les gousses d'ail.

Ajouter les aubergines, l'ail, les échalotes et l'origan dans le panier vapeur avec 200 ml d'eau dans la cuve.

Cuire 6 mn SP.

Mixer avec l'huile d'olive, saler et poivrer.

Déguster froid avec du pain grillé ou du pain pita.

### MOUSSE DE BETTERAVES

**Ingrédients (4 à 6 personnes) :**

- 4 betteraves
- 150 g de fromage frais
- Une pointe de chantilly
- Une pincée de piment d'Espelette
- 1 c. à s. d'huile d'olive
- Sel, poivre

**Préparation :**

Couper les betteraves en morceaux et les ajouter dans le panier vapeur avec 200 ml d'eau dans la cuve.

Cuire 25 mn SP.

Lorsque les betteraves ont refroidi, les éplucher et les mixer en gardant des morceaux, puis incorporer le fromage frais et l'huile d'olive.

Saler et poivrer.

Mettre la préparation dans des verrines avec une pointe de chantilly et de piment d'Espelette sur le dessus.

Réserver 2 heures au frais.

### RILLETTES DE THON

**Ingrédients (4 personnes) :**

- 2 petites boîtes de thon
- 5 carrés de Kiri
- 1 c. à s. de crème fraîche
- 1 gousse d'ail
- Une pincée de persil
- Sel, poivre

**Préparation :**

Éplucher et couper finement la gousse d'ail. Mélanger le thon, les carrés de Kiri et la crème fraîche avec l'ail et le persil.

Saler et poivrer.

Mettre le tout dans un moule.

Verser 200 ml d'eau dans la cuve et disposer le moule dans le panier vapeur.

Cuire 7 mn SP.

# ENTRÉES

## RECETTES DE BASE AU COOKEO

### CHAMPIGNONS À LA GRECQUE

**Ingrédients (4 personnes) :**

- 1 kg de champignons de Paris surgelés
- 1 oignon
- 1 citron
- 2 c. à s. de concentré de tomates
- 1 c. à s. de graines de coriandre
- 6 cl d'huile d'olive
- Sel, poivre

**Préparation :**

Émincer finement l'oignon. Ajouter de l'huile et faire revenir 4 mn en MD l'oignon et les graines de coriandre.

Ajouter les champignons, le jus du citron, le concentré de tomates, le sel et le poivre, puis cuire 4 mn SP.

### VELOUTÉ À LA TOMATE

**Ingrédients (4 personnes) :**

- 1 boîte de tomates concassées de 800 ml
- 1 pomme de terre
- 1 morceau de sucre
- Une pincée de basilic
- Du parmesan
- Un peu de crème fraîche
- Sel, poivre

**Préparation :**

Couper la pomme de terre en dés, puis ajouter les tomates, le sucre et le basilic avec 500 ml d'eau. Saler et poivrer.

Cuire 5 mn SP.

Mixer en ajoutant de la crème fraîche et saupoudrer de parmesan.

### CHÈVRE PANÉ AU MIEL

**Ingrédients (4 à 6 personnes) :**

- 1 bûche de chèvre coupée en 6 rondelles
- Du miel liquide
- 1 œuf
- De la farine
- De la chapelure
- 1 c. à s. d'huile

**Préparation :**

Passer les rondelles de chèvre dans la farine, dans la chapelure et dans l'œuf battu.

Mettre 1 c. à s. d'huile dans la cuve et faire revenir les rondelles de chèvre en MD sur toutes leurs faces.

Les sortir et les égoutter sur une feuille de Sopalin pour absorber l'excès d'huile.

Passer un filet de miel sur les rondelles de chèvre pané et servir tiède.

## CRÈME À LA VANILLE

**Ingrédients (4 personnes) :**

- 60 cl de crème fraîche liquide
- 30 cl de lait
- 50 g de fécule de maïs
- 1 gousse de vanille

**Préparation :**

En MD, verser la crème fraîche liquide, le lait, la fécule de maïs et la gousse de vanille dans la cuve.

Remuer 5 mn, jusqu'à épaississement.

Repartir la préparation dans 4 ramequins et réserver au frais avant dégustation.

## PANNA COTTA AUX FRUITS ROUGES

**Ingrédients (6 personnes) :**

- 1 l de crème fleurette allégée
- 30 cl de lait
- 100 g de sucre
- 1 sachet de sucre vanillé
- 6 feuilles de gélatine
- Du coulis de fruits rouges

**Préparation :**

En MD, faire chauffer la crème fleurette, le lait, le sucre et le sucre vanillé en fouettant.

Incorporer les feuilles de gélatine au moment de l'ébullition.

Sortir la cuve et la tourner jusqu'à ce que la préparation ait bien refroidi.

Verser le mélange dans 6 ramequins et les mettre au réfrigérateur toute une nuit.

Napper d'un coulis de fruits rouges avant de servir.

## COMPOTE POIRES-BANANES

**Ingrédients (4 personnes) :**

- 4 poires Conférence pas trop mûres
- 2 bananes
- 2 c. à c. de jus de citron
- 50 g de sucre
- 5 cl d'eau
- 1 gousse de vanille

**Préparation :**

Couper les poires en cubes, les bananes en rondelles et gratter la gousse de vanille, puis les mettre dans la cuve. Ajouter le jus de citron, le sucre et l'eau.

Cuire 2 mn SP.

Égoutter, puis mixer dans un saladier.

Mettre au réfrigérateur toute une nuit avant de servir.

## COOKIE GÉANT

**Ingrédients (6 personnes) :**

- 150 g de farine
- 80 g de sucre blanc
- 70 g de cassonade
- 1 sachet de levure chimique
- 50 g de beurre
- 1 œuf
- 1 sachet de pépites de chocolat
- 1 c. à c. d'arôme de vanille

**Préparation :**

Dans un saladier, mélanger le beurre préalablement fondu, les deux sucres et l'arôme de vanille. Ajouter l'œuf et mélanger à nouveau. Pour finir, incorporer la farine, la levure et les pépites de chocolat.

Verser la pâte dans un moule rond, beurré et fariné, puis recouvrir de film étirable.

Dans la cuve ajouter 300 ml d'eau, puis mettre le moule dans le panier vapeur. Cuire 40 mn SP.

## RIZ AU LAIT

**Ingrédients (4 personnes) :**

- 130 g de riz rond
- 3 c. à s. de sucre en poudre
- 1 gousse de vanille
- 70 cl de lait
- Un peu de cannelle

**Préparation :**

Rincer le riz, puis le mettre dans la cuve avec 50 cl de lait, la gousse de vanille et le sucre.

Mélanger, puis cuire 12 mn SP. Une fois la cuisson finie, mélanger à nouveau et laisser reposer 10 mn. Verser les 20 cl de lait restant et mélanger.

Repartir la préparation dans 4 ramequins, saupoudrer d'un peu de cannelle et mettre au réfrigérateur pour 3 heures.

## MOELLEUX AUX POMMES

**Ingrédients (4 personnes) :**

- 2 pommes
- 75 g de farine
- 75 g de sucre
- 75 g de beurre
- 2 œufs
- 50 g de caramel liquide
- 1 sachet de sucre vanillé
- 1 sachet de levure

**Préparation :**

Faire fondre le beurre 30 secondes au micro-ondes.

Peler et couper les pommes en morceaux.

Dans un saladier, mélanger les sucres, la farine, la levure, les œufs, le beurre fondu et les pommes.

Verser 20 cl d'eau dans la cuve, puis placer le panier vapeur.

Verser le caramel liquide dans le fond d'un moule rond, puis le placer dans le panier vapeur. Verser la préparation dans le moule et recouvrir de film étirable. Cuire 40 mn SP.

## SOUPE DE FRAISES AUX AGRUMES

**Ingrédients (6 personnes) :**

- 600 g de fraises
- 3 oranges
- ½ citron
- 150 g de sucre
- 18 feuilles de basilic

**Préparation :**

Équeuter les fraises et les couper en 4. Détailler les suprêmes d'oranges et émincer finement le basilic.

Dans la cuve, mettre les fraises avec 15 cl d'eau, le basilic, les zestes d'oranges et de citron.

Ajouter le sucre.

Cuire 1 mn SP.

Mixer et laisser refroidir.

Ajouter les morceaux d'oranges au moment de servir.

## MOELLEUX AU CHOCOLAT

**Ingrédients (4 personnes) :**

- 70 g de chocolat à 50 % de cacao
- 60 g de sucre glace
- 30 g de farine
- 70 g de beurre
- 3 jaunes d'œufs + 1 blanc
- Quelques fraises surgelées

**Préparation :**

Fouetter légèrement le blanc d'œuf.

Faire fondre le chocolat et le beurre au bain-marie.

Verser le mélange dans un saladier et incorporer le sucre glace.

Ajouter les jaunes d'œufs, la farine et le blanc.

Répartir la préparation dans 4 ramequins, puis les recouvrir de film étirable.

Les placer dans le panier vapeur avec 20 cl d'eau dans la cuve.

Faire cuire 16 mn SP.

Servir avec des fraises en décoration.

## CRÈME DE COCO

**Ingrédients (4 personnes) :**

- 80 g de sucre
- 70 g de noix de coco râpée
- 65 g de Maïzena
- 75 cl de lait
- 20 cl de crème liquide allégée

**Préparation :**

Mélanger la Maïzena et le lait dans la cuve. Ajouter le sucre et la noix de coco râpée.

En MD, faire épaissir le mélange et ajouter la crème.

Verser la préparation dans 4 ramequins et réserver au frais.

Au moment de déguster, parsemer de noix de coco râpée.

# INDEX

# INDEX

# INDEX

# INDEX

# NOTES

# NOTES